U0009850

頂尖交易員敗中求勝的三個祕密

華爾街幽靈
的禮物

————PHANTOM'S GIFT————

Arthur L. Simpson

亞瑟・李・辛普森————著　張嘉文————譯

目　錄

【簡介】

跟著傳奇，尋得真金

　　西元 1996 年中，美國《期貨雜誌》在網站上啟動「期貨漫談」論壇，起初吸引了一些人的興趣——這沒什麼特別，不過是交易員與其他交易員談論著市場，並比較一些紀錄。然而，從 1997 年春天開始，人們逐漸發現，其中有位參與者具備非比尋常的交易智慧、洞見和實戰經驗，儘管有時他表達觀點的方式相當模糊甚至於神祕。

　　他非常受歡迎，引發的回應及追問多到需要另闢獨立的主題。他願意在論壇上獨家分享他對交易的見解，但說什麼都不願意暴露真實身份，也不希望得到金錢或他人的讚揚。因此，「幽靈」的稱號就此而生。

　　幽靈參與論壇上的討論，越來越多的忠實追隨者接受他的觀點，從而誕生了《華爾街幽靈的禮物》這本總結他想法的書。應該說，《華爾街幽靈的禮物》不屬於傳統意義上的書，而是一種激盪過程，由幽靈、助手亞瑟與論壇上的交易者們共同完成。

　　這本書以幽靈和亞瑟之間的對話形式呈現，也納入了其他交易者的想法而「付梓」於此。這樣不斷納入新觀點的獨特過程，或許給了本書太多個性，結構因而稍顯鬆散。不過，對於大多數交易者來說，他們將在這些文字裡尋得真金。接受幽靈的禮物，你會有收穫，並成為更好的交易者。

· · · · ·

（時至今日，我們仍然不知道幽靈的真實身份。）

【引言】

我是你成功背後的影子

作者：幽靈（亞瑟‧李‧辛普森依口述而記）

　　過去三十年，經常有人要求我提點一些交易的祕訣。我並不是喜歡出風頭的人，也不希望我的名字眾所周知，更不想面對那5%人，他們可能會因為我說出訣竅而抱怨連連。如果我能為那些交易知識的追求者免去一些交易折磨所帶來的痛苦，那麼我就深感知足了。

　　多數交易者認為，知識是成功的重要因素。但我在交易生涯中發現，正確的知識還得加上改變行為的能力，才會成為成功交易中最重要的部分。僅有正確的知識而未能修正行為，將導致計畫執行不當，從而與原先計畫中的完美交易失之交臂。

　　過去的三十多年裡，我學習正確的交易知識並且修正行為。在我的交易計畫中，有兩條規則使我能夠改變自己的想法和行為。這兩條規則對於成功的交易來說不可或缺。由於一位交易圈老朋友的敦促，我將在本書與讀者分享我對這些原則的看法。

　　就行業別而言，我和亞瑟都不是作家，我們都是交易者，而我所渴望呈現的，是我認為的成功交易之必要因素。如果符合我的條件，那我就同意進行此計畫。於是根據我所提出的條件，我們就此達成了一項協議，並同意將按照我的意願進行。

　　我們的協議就是，我可以保有我的隱私。我同意將自己的交易見解化為文字，前提是不洩露自己的名字。你可以稱我為「幽靈」。你交易的成功與否，掌握在你自己的手裡。你只需要知道我是一個幽靈，是你成功背後的影子。此即我所願。

【作者序】

交易是孤獨的，但學習之路不孤獨

作者：亞瑟・李・辛普森

　　當我慢慢走上我家屋後小山丘，我自顧自地想著，這件事情一定得要發生。

　　沒有哪一個交易者不是損失了一半的資金後，才知道那些行家到底是怎麼做的！光是知道幽靈的想法，就可能在一次的交易中價值千金。他或許是有史以來最棒的交易者，多年來，交易者們一直都想知道他究竟有什麼特殊之處。

　　六個月前，我們曾提到想有所回饋。那為何他不能有所回饋呢？我們正在談論知識，而你無法用金錢衡量知識或經驗的價值。

　　他則是兩者兼具。我們都同意，想要有所回饋，就得摒除對認同或回報的期待。如同往常，他出了個主意。我們將在《期貨雜誌》的論壇上悄悄發表，然後看看這些新知會得到什麼樣的迴響。

　　首先，想個筆名，他跟我說了他所能想得到的所有名字。

我對他說的所有名字都不滿意，直到他問：「幽靈，如何？」

在他生命這個階段，願意回饋（知識）給其他交易者，對他來說確實很重要。跟他討論時，我光是從他鼻息之中就可以領會這一點，也可以從他的臉上看出他的心境。這個春日裡，我感覺他比平日更加挺拔。

我第一次遇見他，是大約 30 年前的事。當時，我並不覺得他特別高大。但隨著時間的推移，他在我眼中變得越來越巨大——這不是指身形變化，而他的信心、思維、神態、語言，以及所有你期待從英雄身上看見的特質。我是在芝加哥的交易所認識他。當時，我們交易同一類期貨商品，而我當日成績比他好，但就在結算的那一週，他給我上了一課：市場不僅僅只有一天！

「幽靈」的名稱似乎是命中注定。當時他站在山頂仰望天空，要求我同意永遠對他的身份保密。他說：「對於我的好運氣，我不會接受任何讚美，也不想因為我的見解而受到認同。」

他注視著我的眼睛說：「從現在開始，你可以叫我幽靈！」

沒錯，就是「幽靈」，我這樣想著。

隨著你一頁頁閱讀這本書，就如同我這幾年來一樣，你可以感受到幽靈的交易見解至關重要。交易不是我們所想的那樣簡單。很少人曾經觸及幽靈那套交易方法的境界。「我們如何衡量一個人的價值？」在那次緩慢步行上山頂之後，我仍不斷問自己這個問題。眼前這一位交易者，是我所知道最優秀的交

易者，甚至可能是世上最棒的一位。我們將透過他的交易實績和洞見來衡量他的價值！

　　是的，這就是我們給「幽靈」判斷價值的方式。

　　幽靈下定決心要將他的智慧，傳授給那些思想開闊、願意學習的人。你只需要理解：在交易的世界裡，你也辦得到！這不是一條沒人走過的路……卻是一條孤寂的道路。

真相的旁觀者：
華爾街幽靈

若無法將一個裝滿水的桶子放在需要的地方，讓下
一個交易者直接飲用，那我的成功就一文不值。

在此重申，本書的內容是收錄我和幽靈的對話而成。他是我所認識戰績最輝煌、影響力最深遠的幾位交易者之一。他同意這些訪談的目的，就是希望幫助那些有能力、並渴望成為最優秀交易者的人。這麼說好了，不謀塵事浮名，但見一片赤誠，幽靈將自己對交易某生這極度困難一行的洞見，傳授給其他的交易者。

• • • • •

亞瑟：幽靈，在我們開始展卷閱讀本書的此刻，你為什麼不願意表露身份，接受讀者對你的敬意和感謝？

幽靈：有一幕影像深深刻在我的腦海裡。那是在我剛入行後的某一個交易日，下班後，我坐在火車上，回味著我是如何在那天將我的戶頭翻倍。我打量周遭，著實為我的成就自豪萬分。但是我發現，在火車上沒有任何一個人知道這件事，或就算他們知道，也不會在乎。

在那個時候，我的自我期許是找出交易中的一切可能。相較當時，我現在知道的不可同日而語。然而，市場的洗禮早已不知教我多少遍，要做個謙卑的交易者。對於旁觀者而言，對著問題指指點點或許很容易，但是如果身入其境，就會發現情況截然不同。

於是我明白了，這就是我！我就是個旁觀者，並且我希望能指出那一條埋在沙裡的線。我不知道誰把線埋在沙中，但我

清楚看見它。誰會在乎是誰指出了那條線？從現在起，你們可以叫我「幽靈」，而我就隱身在你的文字裡。

▌給所有交易者的回饋

亞瑟：你有超過 30 年的交易經驗，為什麼你沒早一點寫書呢？

幽靈：我曾經寫過。但那些字句似乎馬上就過時了，因為知識更新的速度遠比寫作來得快。我總是希望能寫得更準確。我犯過不少錯誤，而將我的過錯告訴他人似乎是在承認我時常犯錯。這得要經過很多年才能明白，交易的本質實際上就是犯錯。

亞瑟：有許多認識你的人，他們非常佩服你在交易職涯中的成就，你為什麼不接受他們的讚揚？

幽靈：任何一枚硬幣都有兩面。事實上，有些時候你可能會爭論還有第三面。對於我的成績，我並不居功。世事無常，而我已經經歷了許多次。若無法將一個裝滿水的桶子放在需要的地方，讓下一個交易者直接飲用，那我的成功就一文不值，這是硬幣的另一面。總是有人會需要喝桶裡的水（這就是硬幣的第三面）。對我而言，何不讓渴者得飲？這不過是舉手之勞。

亞瑟：對你而言，交易中最重要的一面是什麼？

幽靈：毫無疑問，行為的修正是交易成功的關鍵 —— 這

不僅指的是我們如何思考，更與我們在某些情況下如何行動有關。我們必須適應不斷變化的環境，而我們無法控制環境，所以得要透過所能掌控的，去改變情勢。

　　亞瑟：在開始進入你對成功交易的書寫和洞見之前，先從任何你能透露的交易背景開始吧！你對於自己的交易背景，有沒有想告訴我們的任何重要時刻？

　　幽靈：我想說的是，我與每一個閱讀這本書的交易者沒有任何不同。我如何開始、或我是誰，對於交易而言無關緊要。我們別耽溺於這些瑣事，因為這與讀者們成功的方法一點關係也沒有。過去是什麼，或是現在如何變成過往，這些問題不過就是在市場收盤、喘口氣之後的事。

　　亞瑟：只要你同意，我就沒什麼問題，那麼，就從交易的行為修正開始談起吧！

　　幽靈：可以。且讓我說個童年的小故事，那是我與行為修正第一次接觸。我弟弟小時候，有次到鐵匠那裡玩耍，他看到鐵匠用一支長鉗夾住馬蹄鐵，用圓頭鐵錘敲打幾下以便塑形，然後放入火爐中鍛造。鐵匠又從火爐中把馬蹄鐵取出，放入水裡淬火（鍛造的過程），接著放下來。

　　就在那一刻，我弟弟上前把那條馬蹄鐵拿起來，隨後立刻扔到地上。鐵匠睜大著眼看著我弟弟，然後說：「孩子，很燙吧？」

　　我弟弟則回答：「我沒仔細看那條馬蹄鐵！」

　　這則故事給予我關於交易的啟示超過其他所有事：交易即別花太長的時間看著那條馬蹄鐵。永遠不要忘記這一點！

　　亞瑟：我們下一個的題目是什麼？

　　幽靈：這是屬於交易者的書，他們想知道些什麼？

　　（幽靈起初在論壇上分享觀點，是為了要有所回饋，讓許多老手與新手都從中獲益。由於迴響巨大，幽靈對這個時代的知識傳遞速度感到驚訝，他認為，未來不是那些擁有最多工具的人會勝出，而是擁有最豐富的知識、能夠因應所需將自身行為改變到位的那些人，才能摘下成功的果實。）

▌幽靈的場內交易經驗

　　亞瑟：好的，在不觸犯你原則的前提下，還是來談談你的背景。你為什麼想到「幽靈」這個名字？

　　幽靈：出於敬重，圈裡的人都這樣稱呼我。從 1970 年代初，經由早期一些場外的期貨介紹，我便一直在商品期貨市場進行場內交易。

　　亞瑟：你為什麼決定進行場內交易，而不是像多數交易者那樣場外交易？

　　幽靈：我真心喜歡場內交易的挑戰性和刺激性。那種始終處於完全控制狀態的吸引力，似乎是所有交易者夢寐以求的。我確實認為，透過全然掌控，我可以在場內交易表現得很好。

幾個朋友的建議下，我買了一個會員資格並開始場內交易。這一切發生得非常迅速。

亞瑟：過去幾年，我們都知道你就是幽靈，出現在場內交易的現場。我們能否談一談你的場內交易經驗？

幽靈：你知道，我們在場內都有所謂的「辦公區」。每天開盤前，我們都會站在自己三平方英尺的「辦公區」內。有個名叫辛蒂的交易者每天都會來，她的「辦公區」設在我前面一排。我之所以記得她，是因為她當過數學老師，她丈夫是一個FM廣播電台的總經理，而我總喜歡收聽那個電台，來放一些輕鬆的音樂。事實上，我對她的了解比她知道的還多。

每一天，她都會等到自己確定市場的走勢後才出手。我通常是在買進或賣出行情的第三波開始強勢獲利平倉。這很明顯是她的突破訊號。於是她總是從我的手裡接單，用的價格相對低於最後一筆賣出交易，而在她寫下交易記錄前，總是會說：「我討厭和你做交易，因為當我從你手裡接單時，我總是輸。」

她的話言猶在耳。然而，輸錢從沒阻止她堅定地執行自己的交易計畫，因為她知道如何輸得少且依計行事。這些年來，我確定她贏了很多錢。雖然她那麼說，讓我心中有一絲難過，但也促使我開始思考輸錢的意義。她對於交易的思維方式是正確的。有意思的是，這類的小事將如何影響我們的交易信念——好壞參半。

亞瑟：即使她覺得從你手裡接過的交易單輸多贏少，她也

不害怕？

　　幽靈：是的，她非常堅定。當我給出報價，這時場內多數交易者會觀望或迴避。由於正確度高，我在這個圈子裡逐漸開始有了些名氣，因此許多交易者會跟單。不過這其實影響了我的交易執行，也就是在此，我發現交易的執行至關重大。如果你無法順利執行買入，你就無法順利執行賣出。這不是個心理問題，而是我交易計畫的障礙。

　　亞瑟：那麼，你如何克服這個執行上的困難呢？

　　幽靈：我開始玩點交易花招，讓大家落入我的圈套。實際上，這是基金操盤手現在慣用的伎倆。這手法實際上非常機械化，但大家還是很容易上當。操作大概是這樣：如果我有一個部位想套現獲利，我會假裝要增加我的部位，開始在市場上競買，而不是競賣。當跟單的人多了之後，我再轉買為賣，售出我的部位。

　　亞瑟：似乎是個好策略，對你來說大多數情況的效果如何？

　　幽靈：嗯，設局讓其他交易者進退失據的感覺很糟。因此，當我想平倉時，我就會直接接受買單報價。如果最後一檔沒有足夠的買單，我就會讓價格隨市場下滑，直到我平倉。

　　時至今日，由於基金得隨著市場持有相當比例的部位，所以就必須採用漸進的方式。如果他們不了解當時的流動性，就會產生問題。但因為短期的影響可能出乎所料，長期來說，這

樣操作不會產生太大差異。我也學會不要一次在一個價位上買
足，有位老友教我使用區間策略，對我來說還滿管用的。

亞瑟：那你通常會先從哪一類型開始交易？

幽靈：你早就知道我只會給你一種答案了！任何有波動
的！這麼說的意思是，波動的風險較小。你通常不會這麼想，
但在波動中，你可以持有較小的部位，就帶來不錯的回報。而
在一個停滯的市場中，你會傾向持有太多的部位，接著，轟然
巨響，當一個突發新聞衝擊市場時，你卻毫無準備。

亞瑟：但是波動的市場難道不會讓你的損失更慘重嗎？

幽靈：市場的大刀揮動有其規則。如果你能不受情緒影響
的話，趨勢的發展會帶給你絕佳的操作區間。

亞瑟：我們會在後面的章節裡進一步討論這個問題。你剛
入行時，其他交易者是怎麼對待你的？

幽靈：他們會對我大吼大叫，拿走我的利潤然後繼續前
進。我不在乎他們對我說些什麼，除了這一句：「這只是錢而
已！」這句話讓我很生氣，因為我虧錢的時候，太把得失放在
心上了。我的初始交易資本少得可憐，那時無法忍受任何損失。

但沒多久我也開始講類似的話。我看見他們鬆開領帶、解
開襯衫扣子，到最後滿臉通紅，然後我會對他們大吼：「認賠
吧！」不用多久，我們就打成了一片了。

實際上，告訴他們「認賠」是在幫助他們。如今，當市場
與我預期的方向不一致時，我也會大聲對自己這樣說──我

猜，這是我行為修正的重大起步。

亞瑟：在你交易生涯中，場內的朋友和你最親近的朋友是怎麼對待你的？

幽靈：你知道嗎，我是最近才真正發現朋友們對我是多麼真誠。如果你做了一些讓他們難以忘懷的事，那麼毫無例外，他們也會以誠相待。比起剛認識時，大家現在更敬重我了。這不僅僅是因為大家在交易工作上的關係，更因為真正的朋友超越點頭之交，彼此心領神會。非常令人感動。

亞瑟：看起來，你現在似乎不太常做場內交易了，是有什麼原因嗎？

幽靈：你看看場內的情景就知道，那是年輕人的遊戲。我並不是說這是通往成功的捷徑，一個成功的交易者當然不只是年輕有勁。我之所以在場外交易，是因為保持一點距離能讓我更好理解市場，還能讓我同時操作更多不同的市場。

做為一名交易者，在場內交易有其局限。場內交易更適合投機者炒作短線，而非持倉者進行部位交易。能為不同市場訂定不同的交易準則，也能不靠自己的場內交易建立部位——我喜歡這種自由度。

亞瑟：你會建議其他交易者從場內交易開始嗎？

幽靈：很多人常常來找我提供一些交易建議，但我從來都不喜歡這樣。我只喜歡給個方向，因為每一個交易者都必須要自己動手，他們必須自己投入心力去學習，也必須決定如何建

立自己的交易計畫。我可以協助大家戒除不良的交易習慣,但
「成功」則有賴交易者自己的決心。

　　亞瑟:幽靈,其他交易者給你的第一個建議是什麼?

　　幽靈:我已經不記得有給我什麼建議了。我不是說我不
感謝朋友、同事幫助,但我真的想不起來。事實上,這也是我
現在回饋其他交易者部分原因。我不認為有誰會給別人很多建
議,因為他們覺得這對自己不利。當然,事實並非如此,大多
數交易者的行為在人生早年就已經形成,所以我覺得修正行為
至關重要。

　　亞瑟:我已經可以看到評論家正在排隊,準備說你交易的
重點就是行為修正!我們要不要寫另一本書談行為修正?如果
這樣,我們還是要先把這本書交出去才行。不然,幽靈還有什
麼公信力?

　　幽靈:我當然樂見著作出版,也許因為這種曝光,我們能
得到《期貨雜誌》的贊助。在這本書中,我們將要分享一些準
確的見解,給所有讀這本書的交易者。光是指出「該具備的條
件」遠遠不夠,我想為你們指引方向,然後你們將命運掌握在
自己手上。

　　亞瑟:啊,是不是有點類似於:改變想法之後,命運也會
隨之改變?

　　幽靈:沒錯,這正是我們想做的。不談保證、不開條件、
不心存幻想、不揠苗助長。該是怎樣,就是怎樣。交易者必須

自己去賺他們的一百萬。我的責任是幫助他們在遊戲中一直存活下去。

▎交易者宿命：改變行為，或者一敗塗地

亞瑟：幽靈，我不是靠寫作維生，所以你能不能讓我的工作輕鬆點，透露點訊息給我——究竟這本書要告訴讀者些什麼？

幽靈：在我常去的論壇上，我看著其他交易者的一些提問時，心中自然浮現出一個想法。這些交易者除了自身交易的經驗之外，其實不清楚交易最重要的問題是什麼。而最後，他們都將會遇上我不希望他們陷入的各種情境。

不過，我不會給讀者具體的交易建議，或者是任何過時的資訊，例如我在70年代寫過的東西。關於這本書，何不讓論壇上的交易者來指引我們？

亞瑟：好主意！有一個交易者讓我印象很深，我知道他一定會回應。不過，我們不該排除其他人，我覺得我們創建了一種氛圍，讓他們也能成為「幽靈」！

幽靈：我當然可以，我喜歡這種想法。我最享受這種拋出而沒有任何損失的做法。

亞瑟：再次認同！你贏了！你是對的！

幽靈：有意思，你剛才說的這句話，我已經好多年沒有

聽到了。我說的是「你贏了！你是對的！」這句話。交易的邏輯不是這樣。一個老練的交易者所認知的成功，是「你輸得漂亮！而且很少犯錯！」。交易的意思是：站在輸的較少的那方，並且因為知道自己做錯了什麼而獲得獎勵。

交易者必須要有均衡的生活，才能應付市場的殘酷考驗。有些交易者從來沒有雨天備案，但你總會遇到不順遂的日子。這會衝擊他們的生活，被迫做出新選擇──改變自己的行為，或者一敗塗地。

亞瑟：這又回到我們的主題。我們將會厭倦這些交易真相嗎？

幽靈：交易者可以選擇：面對交易現實，或者乾脆找個最近的出口離開。

亞瑟：過去幾年，你的同事在交易上有沒有給你添過麻煩？

幽靈：只有無知會造成麻煩！但我全都可以原諒。不願學習的人會是他們自己的敵人

亞瑟：必須學習什麼？

幽靈：他們必須學習的東西之中，最重要的是，他們要知道不必從自己習得的錯誤中學習，通常更好的方式，是從**觀察別人的錯誤**中學習。在這一行裡，犯錯的代價可能會很慘痛。你或許沒有辦法確切告訴別人應該如何做，但如果你加以引導，別人通常會比較容易做出正確決定。

亞瑟：你如何分辨「自己習得的錯誤」與「觀察而得的錯誤」？

幽靈：我們以看眼科的經驗為例，醫師問你 A 鏡片還是 B 鏡片看得比較清楚。你回答後，醫師又換了 C 與 D 的鏡片，再問你哪一個清楚，一直進行到讓你雙眼最清楚的選擇出現。

也就是說，你所犯的任何錯誤都是自己造成的錯誤，只會傷害到自己。沒有人可以教你別犯這種自己習得的錯誤。

假如，眼科醫師告訴你遮起左眼時，你告訴他你左眼瞎了，他就會叫你遮起右眼──這時你就有了一個觀察而得的錯誤。你當然不會犯這個錯，並且因為你被影響，就算這不是你的錯，你也因此會記得更清楚。

從別人犯下而直接影響到你的過錯中學習，會是比較好的。在交易圈裡，你得要有偵測錯誤的能力，因為其中有太多寶貴的教訓。

亞瑟：我懂了。我的意思是，你對錯誤的觀點再清楚不過。從別人身上汲取教訓，要比自己犯錯誤代價低得多，對嗎？

幽靈：我想你確實懂了。

亞瑟：你經常回到場內嗎？

幽靈：我確實經常回去，這可以讓我對某個市場的思考更加敏銳，也能夠強化良好的交易習慣。在場內總是可以學到很多東西。

亞瑟：在你成名之後，走入交易所時會遇到什麼情況？

幽靈：收盤後會有人走過來說：「我就知道，我就知道你今天會拋售。我早該知道今天市場會跌。」

亞瑟：這麼說，是你讓市場下跌的？

幽靈：這是似乎他們的想法，其實根本不是那麼一回事。你要知道，如果我為了獲利而拋售，賣壓會更強勁。實際上，我只是有一些部位要平倉，但碰巧別人也在賣，而也許他們使用的指標跟我的差不多。以為有人能操縱市場——其實都是錯誤想法，如果真有人為操控，我根本就不會去交易！實情是，一個最優秀的輸家，才是長期的贏家。

亞瑟：論壇上有個讀者提供了建議，他說，我們這本書應該從交易的準備工作講起。那我們就從順著這個題目往下吧。

幽靈：都可以。

第 1 章

交易備戰：
成功的前奏

魔鬼藏在細節裡。猜得到嗎？一處安靜的場所、一張合適的椅子、一座報時電子鐘、一本書、一位你崇拜的人⋯⋯全都是大師的匠心，也將成為你獲得優勢的最佳工具。

幽靈從一名年輕交易者談起。

那名交易者小時候住美國，有次他叔叔想找他幫屋頂上漆。他非常興奮，像所有渴望賺零用錢的孩子，迫不及待想開始工作。他抓起油漆和刷子，決定趕快衝上屋頂。不過叔叔制止了他，並給他上了第一堂交易課——或是第一堂人生的課。

叔叔告訴他這件工作的條件與目標。首先，你必須充分準備。其次，你要親自完成這項工作。最後，你要收拾乾淨——看來，這條思路可以給我們引導。

交易第一步：必須先做好準備！

要達到交易者夢寐以求的境界，這是每個人的必經歷程。「做準備」這件事，對於交易或任何一件事都同樣重要。缺乏準備，交易者將沒有繼續交易的基礎。要成為一位成功的交易者，我們應該從哪裡開始？

・・・・・

▍適合交易的環境

幽靈：有太多剛開始交易的人（包括一些有經驗的）把問題想得太簡單，以為在交易的職業生涯中，市場對他們的要求一成不變。他們有過模擬交易，而且成績相當不錯。

但這其實對準備交易一點用都沒有。他們必須在各方面做

好準備工作，不論是精神上、身體上和情緒上的準備。各種環節的先後次序必須安排妥當，包括家庭、朋友和環境。

亞瑟：你會建議他們從哪開始？

幽靈：先把辦公室準備好！選個對你來說舒服的地方，在這裡可以享受安靜的時光，而且找個可以放鬆身心的適當地點。假如交易者希望攀上山頭，那交易需要他們全力以赴。

首先，準備一張舒適的椅子。必須是一張合適的椅子，才有辦法讓你立即著手改變。

亞瑟：我懷疑自己聽錯了（大笑），是真的嗎？讀者一定以為這本書是笑話大全！一張椅子？

幽靈：我會告訴你，為什麼合適的椅子會這麼重要。接下來，我所談論關於一張合適椅子的意義，其實事關重大。你知道，有些交易者覺得，市場就是建立部位，然後坐在椅子上往後一躺，等待損失出場或者獲利了結。

但沒這回事。這就是你的椅子為什麼會值回票價。別選那種可以輕鬆往後躺的椅子，因為太舒服了。在市場上，你必須每天提醒自己，不能太輕鬆看待你的市場部位。

也別選普通的搖椅，尤其如果你養了一隻貓，還可能壓到他尾巴。那你覺得，我說的是哪一種椅子？

亞瑟：這才是讀者該問的吧！我早就知道你坐哪一種椅子了。

幽靈：好吧，不賣關子了。你需要的是那種有四隻腳的「定

點搖椅」──它會在底座上滑動，而不是在地板上搖動。這種搖椅前面還可以放腳凳。這張椅子很重要的理由如下：

首先，在交易的日子裡，你會發現多數時候市場不斷上上下下、波動不斷，但其實是原地踏步。每次當你坐在椅子上，你的這張定點搖椅會提醒你這個概念，讓它深入你的思考。你的搖椅不會在房間裡四處移動，卻會前後來回搖晃。

其次，在交易中，你會了解自己永遠無法操控市場，所能掌控的只有資金部位。就如同你那一張搖椅，不論何時，只要你想，你就可以出脫你的部位。希望你也把這一點牢牢記住。

這非常重要，所以我再重複一次剛說的話。只要你喜歡，就可以在任何時候停止！如果不喜歡椅子前後搖動，你就會停止搖動。交易同樣如此，想要跳脫市場的震盪，只需要出脫手中的部位就可以了。

▲ 普通搖椅

▲ 定點搖椅

亞瑟：對於為什麼要選張好椅子，我知道你有很棒的理由。但你真的認為這對投資人會有幫助嗎？

幽靈：還有比這簡單的嗎？你想停下椅子晃動時，不需要別人來告訴你，就會不假思索這麼做。你的交易部位常常也需要暫停，有時必須自動這麼做，直到成為習慣。這個簡單的象徵性動作，將為你省去很多交易麻煩。

亞瑟：好的，現在我們有了辦公室和椅子，還需要什麼？

幽靈：下一步，我們需要一座精準的鐘 —— 電子鐘，這樣你就不用時常調整。這座鐘最重要的功能，是要能自動報時，出聲提醒你時候到了。它會告訴你現在幾點，讓你不用頻頻抬頭看時間。

這是另一個象徵性的起點，讓你開始進行「行為修正」。你知道嗎，如果將概念與物品聯繫在一起，就會記得更牢。記憶專家也是這麼說的。當電子鐘自動報時，你必須意識到你得主動處理你的投資部位，而不是被動地讓市場來處理。你必須每一次都根據自己的投資計畫，做出立即反應並且下意識採取行動，而這座鐘可以強化你的思考與行為。

亞瑟：這樣的話，難道不是預設開盤之後交易者就必須心無旁鶩？如果是，那麼有些身兼數職、而且根本沒什麼時間親老婆一下的可憐交易者，就不適合投資嗎？他們根本不可能照你的方式來交易。

幽靈：乍看如此，其實不然。我的用意在於，讓進入交易

市場的交易者從一開始就養成習慣。不論何時，包括你在制訂任何交易計畫時，或思考市場的變化將如何影響你部位時，定點搖椅都能夠有提醒的作用。時鐘則是在提醒你，只要報時聲響起，你都必須立即做出決定。

這種辦公室配置，就是要傳達一個重要的訊息：主動掌控部位，而非隨波逐流，任憑市場操弄。你的辦公室很重要，因為你得掌控全局。記住，我們以前在場內交易時，都有自己的小空間，我們那時怎麼稱呼這個空間？

亞瑟：你的辦公室。

▌心態致勝

亞瑟：好，我們的辦公室內有了椅子和時鐘，接下來呢？

幽靈：接下來要把注意力放回自己身上。你要建立一套儀式，為每個交易日做好準備。讓自己在開盤前至少有一個小時。在這個小時裡，你應該運動十到二十分鐘——這真的可以讓你頭腦保持清醒。洗完澡後，你應該花一兩分鐘感謝上帝，然後解釋你會如何運用贏得的錢。千萬別太自私。上述做法，會讓你的潛意識有一個成為成功交易者的好理由。

最後，請面朝北方，對自己說：我已經掌握正確方向。確認自己掌控大局，會讓你有種較為幸福的感受。當你執行你的交易計畫時，就需要這種全然掌握的感覺。

亞瑟：依我所見，不是每個人都有條件、或有興趣照你說的去！

幽靈：我知道！有些人可能準備去上班、或正在上班，但他們還是可以想辦法在路上做些準備。不管你身處什麼環境，又有什麼動機，確認自己進行交易的理由非常重要。如果在30 年前，我自己其實也會覺得上述的交易準備步驟，聽起來非常奇怪。

亞瑟：那你現在還每天做這些準備嗎？

幽靈：是的，我用自己的方式準備。每一位交易者，不管是新手還是老手，都應該像我建議的那樣，設計一套適合自己的流程。你或許沒辦法在剛開始實行時，就感受到它所帶來的好處。

亞瑟：交易似乎有很多前奏，我們甚至還沒學到交易的過程。

幽靈：你在交易中，最重要的人物就是你自己。及早處理好這些小細節，然後你就能建立屬於自己的儀式。某種程度上，這可以激勵你所進行的成功交易。

亞瑟：現在可以開始了嗎？

幽靈：別急，還有一些事要準備。每個交易日，你都必須對自己說出交易的原因。如果你買不起搖椅和電子鐘，那就應該等到買得起的時候才交易。原因在於，你一定要讓各方面都有利於交易。如果你全都正確，未來會一片光明。

下一個建議，找一本你喜歡的書來讀。

最後一個建議，選擇一位你一生中最敬仰的人。

亞瑟：你最喜歡的書是哪一本？

幽靈：這麼說吧，有一位優秀的交易者推薦《孫子兵法》。這本書寫於兩千五百年前，被遺忘了好長一段時光。這是中文書，許多國家都有翻譯本。那位交易者就是憑它一步步建立起自己的貴族傳奇。這本書討論的是古代戰爭兵法，但可以運用到商業、私人關係甚至於交易。孫子提出的法則已經存在兩千五百年了，至今仍非常實用。

（幽靈和我發現迪恩・倫德爾〔Dean Lundell〕將《孫子兵法》改寫為《交易者和投資者的孫子兵法》〔*Sun Tzu's Art of War for Traders and Investors*〕。我們一致認同這是交易領域中關於《孫子兵法》的最佳著作。）

亞瑟：為什麼找一本書來讀如此重要？

幽靈：走霉運之後，不要去想「如果」、「應該」、「否則」等等，你必須盡快走出失敗的陰影，如果不這樣，這些想法會影響到你的下個交易日。讀一讀你選的書吧，就算十分鐘也好。讓這成為每天的例行公事。

亞瑟：我想我自己也有些事要再多學習。你剛才說，要挑一個最崇敬的人，為什麼？你最崇敬誰？

幽靈：你可以從最崇敬的人身上學到很多東西。在你的腦海中，要先理解自己的能力，才能使自己變成那樣的人。過去

這些年，我的偶像已經換過好幾位，目前最新的這位，比我還
年輕。

　　我崇敬她的理由很多，但最重要的一條是：她每一天所做
的事情，完全是給予和奉獻。她如此無私，真心關懷身邊的男
女老少，以及地球上的所有生命。我如此崇敬，她猶如引領我
的一盞明燈，這個人就是獨一無二的歐普拉（Oprah）。

　　亞瑟：她知道你把她當偶像嗎？

　　幽靈：還不知道。但我覺得這很重要 —— 你應該讓你崇敬
的人知道自己是你的偶像。這會對你的交易有很大幫助。想辦
法讓他們知道吧！你不一定有辦法，只求盡力而為，這會成為
你的精神食糧。

　　亞瑟：那麼，可以開始學習交易了嗎？

　　幽靈：對我而言，現在是我準備好要開始的時候。

　　亞瑟：我發現，你上面提到的交易準備過程，真的出乎大
多數人想像。我原本以為起點是「如何交易」，或是設定某個
交易程式。那麼，我們會用特定的方式進行交易嗎？

　　幽靈：記住，我想提供的是交易指引，而非具體建議。決
定誰是贏家、誰是輸家有幾個基本要素，這才是我想在此分享
的東西。有幾個交易者就有幾種交易方法，但方法所需的基本
知識卻很少為人所知。最重要的，在於提供一種方式，讓交易
者一生都能在市場上存活。

　　在此講述這個主題吧。我們可以之後再繼續討論交易方法

的細節。我不斷嘗試提供一些範例，來幫助交易者了解我為什麼提出「幽靈交易原則」。

我們稍後會回答一些更具體關於交易的問題。幾年前，我讀過一本小冊子，書名是《給自己的筆記》(*Notes to Myself*)——其實是一本被出版成冊的日誌。這是一本小書，卻有著深刻洞見。我喜歡這種方式，所有我們在研究的主題，都可以從其他人的見解中學習。他人的見解絕非「建議」，但我們可以透過了解這些想法來幫助自己決策。

這比較接近我在本書中進行問答的目的。交易者可以在一問一答的基礎上了解市場的複雜性，並為整體計畫建立準則，在交易的前線，牢牢記下最重要的幾個心法。大多情況下，交易者都不會使用、也不了解這些基本道理。他們以為大筆財富就在眼前，所以無須深入思考自己的交易，令人悲哀。

我們進入下一章吧。

亞瑟：這些讓我有些吃驚，我好像又學到了什麼。

第 2 章

規則 1：
不正確就盡快平倉

部位需要驗證，持倉待漲不是理所當然。永遠別等
到市場來提醒你出錯了，因為這時早已錯過先機。
記住大師的教訓：交易是輸家的遊戲，擅長輸的才
是最後贏家。

　　當我們談到那個重要的問題時，幽靈總是這麼說：「我會在合適的時間回答你。」我小時候也遇過類似情況，如果想要父親答應某些事，選在他心情好的時候會比較容易成功。關於幽靈為何想寫下本書，一直要到我抓對時機問他，才變得更明朗。這發生在 1997 年 10 月初穀物價格大波動之後。

· · · · ·

　　亞瑟：幽靈，我發現你今天同意討論。我想知道為什麼今天你願意解釋寫這本書的理由？

　　幽靈：今天確實是探討這本書為何出現的好時機──對大多數交易者而言，穀物市場發生了出乎意料的變化。噢，有些幸運的人站到了正確的一方，可惜在這之中，多數人卻太早套現。我想討論的是，許多交易者在平日交易時也會遇到現在這種震撼教育。

　　今天，許多穀物期貨市場的交易者經歷了所謂的「死亡日」，大多數新手都疑惑著自己到底做錯了什麼。我認為，他們其實是沒有做對什麼，因為他們很可能根本不知道什麼才是正確。我並不是說所有交易者都是盲人瞎馬，我指的是那些不知道怎麼做的人，或者是知道怎麼做、卻無法有效執行的人。

▍先假設自己錯誤，事先排除運氣因素

幽靈：從交易開始時，就必須在正確的時間做正確的事——我要來談一談這個規則的重要性。

很多交易者（絕大多數是新手）無法想像市場會發生今天這種大變化。我常說，**巨大獲利**會落在令人意想不到的那一邊。那我也許應該也早點說，**巨額虧損**是落在交易市場上眾人熟悉（或大多數人樂見）的那一面。我稱之為預期面。今天市場的驚人轉折有幾個原因——豐收的壓力巨大，且在這樣的日子裡，你可以猜想到會有比平日更大的拋售壓力，來自於穀物生產商。多數人想法中的正確交易方式，是預期價格會受到套現保值和季節性影響的壓力。你無法與機率唱反調。除非市場上發生今天這種大波動，否則我們無法了解交易者究竟對他的交易做了什麼，而這正是區分大贏家和大輸家的界線。在今天，大輸家比大贏家還多。

由於今天損失慘重，有些交易者會付不起他們下個月的車貸或房貸。即使他們認為自己有很好的保護計畫，卻萬萬沒有想到，今天的事件有一定機率發生。他們知道怎麼停損，卻忘了要交易員下停止單。

他們所做的每一件事，都是根據「今天要在市場上賺多少錢」這種想法來行動。他們的交易注定失敗，並不是因為他們不懂交易或市場不好，而是因為他們無法自主。最糟糕的是，

他們自己還沒有意識到這個問題。夢想化為泡影總是讓人心碎難過，但更糟糕的是，他們同時還損失了真金白銀。有時候，投資人會在極短時間內損失巨額財富，每個交易者都經歷過——我當然也碰過，當時我認為自己比市場聰明。

怎麼發生的？大部分是因為交易者的計畫中沒有考量「萬一我錯了？」的情況，他們總是預期自己是正確的。這是交易員成功的關鍵。我在交易生涯中一遍又一遍地理解這件事。我下面要告訴你的事，我從沒遇見任何一個交易員告訴我。我同意回饋的原因在於，全部的大輸家從一開始就注定要失敗，除非受到指導，知道市場能為他們做什麼。責任在於他們自己，而不是任何別人的過錯。

六個月前，我展開了一趟全新的旅程——在期貨論壇上提供了最成功的交易策略之一。有些傑出的交易者已經讀完我給的資訊，卻不理解這些內容的簡單性。我們將在本章用更好的方式說明那些資訊。

我總是不忍見到有人去睡公園，也經常在思索他們如何淪落至此。如果交易者不明白市場會給自己帶來什麼好處與後果，那到最後，就真的會朝那個方向移動。我跟一些無家可歸者聊過，很多人都有一陣子運氣很差。在人生大部分時間裡，我們都會碰上某個運氣不好的夜晚。

在交易中，如果你老覺得時運不濟，最終你還是會被迫認賠出場。交易的一個基本要求是：你必須對壞運氣有所防備。

假如你不對即將發生的壞運氣做好計畫，就不可能生存。我交易的第一步，就是先把壞運氣全部排除。

亞瑟：我知道你接下來要說什麼。我們需不需要把這些內容加粗、放大兩倍醒目地標出來？

幽靈：沒錯，確實有必要，但交易者必須自己發現我下面要告訴他們的事，免得事到臨頭才懂我的意思。我們在談論交易計畫時，別過分強調最重要的概念，因為更重要的是，我們將把這些概念一點一滴地融入他們的交易計畫中，直到他們在交易中不惜一切代價生存下來。

有些人用自己的方式做我的建議，但他們一般視之為資金管理計畫，而不是交易計畫。每一個經紀人都試圖限制客戶的曝險程度來保護客戶，這裡的重點在於「限制」，代表在建立部位後，實際上對曝險進行限制。但在大多數的例子中，你其實只有個大概。回頭去看，事情似乎比你所想的還要糟糕。

我將提供兩條交易規則，都是成功的必要條件。每一項交易計畫都必須建立對這兩條規則的徹底理解。在我說明第一條規則前，很重要的是，你要能完全理解上述內容。然後，也要想辦法讓規則成為你交易的習慣。在交易者讀完第一條規則、修改行為之後，我才會說明並解釋第二條規則。

▌最棒的計畫，就是最壞的打算

幽靈：關於規則1，為了讓講解的效果更好，我需要先問幾個問題。你走在路上，而對面的人行綠燈亮起，假設你穿越的每個路口都有車要闖紅燈，那麼在過這個交叉路口之前，你會怎麼做？

亞瑟：我會再次確認左右兩邊的來車。

幽靈：當然，這是標準答案——你知道我想表達的意思。如果你每次過馬路看向左右兩邊，結果每次都沒有發現有車闖紅燈，那你是否就有理由，以後過馬路都不用再注意左右兩邊？毫無疑問，答案是「沒有」，你不會因此不注意來車。

我剛剛給了你什麼限制？那樣是不是一種救命的限制，能讓你安全過馬路？是限制，當然可能是，但如果你每一次過馬路都遵守限制，那你永遠不會意識到。你不知道這種限制是否保護了你的性命，因為你每次都小心注意來車。

然而，如果你沒有注意左右來車，結果賠上性命，你當然也不會知道應該要先提高警覺。這種限制難道是在告訴你：如果注意兩側再過馬路，就不會有汽車闖紅燈？當然不是。那麼，你過馬路和注意來車的經驗，有告訴你車子闖紅燈的機率是多少嗎？你可以根據你的經驗做出假設。這個假設有什麼用？它實際上根據一個已驗證的事實，表示闖紅燈的機率是存在的，因此提出了一個行為準則。這個假設給你的並不是機率

高低，而是一個你能有的最棒回應。

我不想要你們迷失在這種概念中，但我要強調，交易就如同路口。在交易上，只要有可能性，我們就必須對可能的情況做好計畫，而不是只看發生機率高的事件。要正確理解**規則 1**，這是至關重要的一點。

如果你過馬路從來不看兩邊來車，結果真的出了車禍，那是不是已經為時已晚？交易也是如此，你必須對任何可能性做好自我保護，而不是僅僅針對你認為出現機率高的情況。

交易會有意料之外的情況。「意外」是一種可能的結果，但發生的機率並不高，如同今天的穀物價格大波動。有人送你禮物，你會驚訝。而收到禮物的機率並不高，但你仍然會對這個驚喜有所準備，因為你至少會說：「謝謝！」大多數交易者只會針對機率高的一面做計畫，對他們而言，那一面總是會賺錢。這可能也是你在交易中犯的最大錯誤。反之，你該為看錯時做好準備。

你理解自己計畫的方式，就是你將如何應對某種情況。你必須明白，在交易市場，當其他人告訴你別做某件事的時候，並不等於你可以去做相反的事。

我經常得到這種回應——說我叫某人去做我根本沒說過的事。例如，我告訴 A 今天不要拋售大豆。結果 A 告訴我，這是叫他今天買進大豆嗎？一點都不誇張，很多交易者就是這樣。這就是我所謂的「正確」。

我們先前談過所謂的「假設」與「正確」二個概念……我希望讀者用這兩個概念去理解「規則1」和「規則2」。如果不這樣做，會很難全盤理解這二條規則，更別說內化、並應用在所有交易計畫中。

亞瑟：讓我簡單說清楚！當你說不要做某件事情，並不是在告訴我去做相反的事。這似乎夠明白了，感謝你舉例說明。

律師根據事實做判斷；交易者用假設做決策

亞瑟：當你提到「假設」時，代表我必須認知到這種基於事實的機率，而且總是為這種可能性或「交易的意外一面」做好準備。而所謂「交易的意外一面」指的是有可能發生，但並不是最可能發生。我說得對嗎？

幽靈：這真的很簡單。在我們的對談之後，交易者會更加知道如何解讀我們的規則。我不希望讀者有任何誤解。

我們通常不了解新聞故事是如何發掘出來的，但其實很容易。大多時候，律師的日常作業都缺乏適當的「假設」。他們會拿照片詢問某人：「照片裡的人是誰？」等對方回答是被告，律師才緊接著問：「拍攝這張照片時，你在那裡嗎？」在他們那行，這是正確的資訊收集方法。但身為交易者，你卻必須有合適的假設，因為你不可能預知每天的市場變化。

多數情況下，交易對我們而言不是有優勢的遊戲，這正是我們必須在交易中使用假設的原因。交易者們的最大錯誤，是認為且期望交易一種有優勢的遊戲。

在建倉與平倉時，你得承擔交易執行成本或滑移價差（期望執行價格和實際執行價格的差別），還有交易手續費，全都要計入你的利得或虧損。市場大多時候難以預測。確實有短期和長期的趨勢，但不是無時無刻都有趨勢可循。如何正確持有部位？做法在於，只有「當證據顯示你是正確時」才持有。讓市場告訴你，你所持有的交易部位是正確的，永遠別讓市場來提醒你做錯了。身為交易者，你必須永遠站在掌控全局的位置。當你的交易部位處於不利，一定要能全盤理解並自我警覺。

當你的交易處於正確的方向，市場也會告訴你，這時你需要做的只是抱緊手中部位。多數人做的卻剛好相反，他們會等市場告訴他們做錯的時候，才停損平倉。思考一下。如果我們不自己系統化的去清理那些未被證明是正確的部位，而是等待市場來告訴我們交易錯誤，那麼風險會大得多。

說明規則 1 之前，先讓我舉個例子。好，今天你根據你的交易計畫，在開盤時以 6.30 美元處賣空大豆。如果你所持的部位沒有被證明是正確的，你就必須清除這個部位，從而降低風險。根據你的計畫，你可以知道什麼是正確的。

比如說，你預期對沖投機的機會早早到來，大豆價格會在開盤後一小時內下跌 5 至 8 美分。結果它下跌不到 3 美分。所

以，你在6.29美元處平倉。雖然這次交易有1美分的利潤，但並不證明這是好的部位。不過，比起讓市場告訴你這個部位是錯的，你自己平倉會是較佳的退場。

如果等市場來證明你的部位錯了，之後你才平倉，那麼代價會高出許多，而且通常滑移價差會較高。「市場證明你錯了而平倉」與「主動平倉」截然不同——例如你決定在6.42美元停損，但也許要在6.45美元才能平倉。讓市場證明你是正確的才持倉，表示你認知到這是「輸家的遊戲」（不利交易者），而非「贏家的遊戲」（交易者有優勢）。如果你因為市場證明你錯了才平倉，就表示你認為交易是贏家的遊戲。

你當然不會想持有一個無法證明是正確的部位。但如果你要等市場告訴你這個部位是個錯誤，由於需要等待較久，風險可能會隨之升高。關於這一點，本書後面會進一步討論。

※ 幽靈的規則 1

幽靈：我現在給大家**規則 1**。

- **不假設自己正確，直到被證明是錯的**：像交易這種輸家的遊戲，我們會採取「多數人為敵」的立場進入遊戲，直到被證明正確之前，都假設自己是錯的！
- **讓市場去證明部位的正確性**：在市場證明我們的交易正確之前，已建立的部位必須不斷減少和去除。

　　非常重要的一點是，要理解我說的平倉原則：由於市場無法證明持有部位是正確的，所以平倉。我們不把「市場證明部位錯誤」當成標準，發生了才去平倉。

　　我們處理部位的方式，與絕大部分的交易者有很大差別。如果市場沒有證明你的部位正確，那也有可能只是市場還沒證明它錯誤。如果你一直等待，直到市場證明你的部位錯誤，那麼你就是在浪費時間、金錢和精力，只為了期待那個部位是正確的，但實際情況並非如此。

　　有多少交易者希望自己的部位不要被證明是錯的，而不是希望它是正確的？如果你希望部位正確，那它顯然還沒被證明。如果市場沒有證明它的正確性，那就要盡早平倉。等到市場證明你的持有部位錯誤，那時會產生更大的價格滑動，因為每一

個人已經獲知相同的市場訊息，讓你處於和每個人相同的窘境。

　　要有效執行這個策略，必須在市場沒有證明你是正確時，毫無例外地採取行動。大多數交易者卻相反，他們毫無作為，直到停損平倉。等到這個時候，已經不是他們自己主動平倉——是市場迫使他們平倉。

　　你的思維方式應該是：如果持有正確的部位，你必須什麼也不做；而不是持有不正確的部位然後什麼都不做！

　　我不想一再重複這個觀念，但多說幾次，你才會隨著閱讀了解規則。想蛻變成一個成功交易者，這實在重要。事實證明，規則1能夠讓損失維持在低檔，並使交易者對停損的反應迅速。

　　當市場證明了一筆壞交易，人們的想法往往與獲利的思維背道而馳。正確使用規則1，能使你獲利，且不必面對「市場證明你錯誤」時的挫敗感。這會讓你在未來的交易中，保持心態健康。你在交易中會更為客觀，而不會讓負面情緒影響思維。如此一來，你只會讓正確的交易一再強化自己的思想與行為。

▌在輸家的遊戲裡，善於輸的人最終會贏

　　亞瑟：幽靈，並不是每個人都會認同規則1。有些交易者認為規則1不適合他們。

　　幽靈：比方說，你想買一部新車。經銷商跟你說，你可以把看中的車開回去試一個月，而如果你決定不要的話，我們會

讓你把貸款轉移到另一部。一個星期後，你退還了這部車，因為你覺得不合適。你把車開回車行，經銷商說只需付 80 美元租金。

你不會買下這台車，然後留到時間證明它不適合你，因為這也許要花上幾個月。而且如果你想這麼做，得先買下這台車，屆時損失得更多。

大多數交易人會保有部位，直到市場證明他們錯了。我的觀點是：除非市場證明你是對的，否則不要持有部位。

亞瑟：有道理。不過，誰能確定一個未被證明正確的部位不會由負轉正？

幽靈：這正是大多數交易者的想法。他們害怕犯錯，擔心自己平倉之後，市場卻顯示他們應該要持有。不過如果交易者不早點停損，那麼隨著部位累積，停損也會益發困難。但是，你必須對市場做出這個假設：巨額虧損最後會迫使你退出交易。

規則 1 的重點在於交易中所需的迅捷，設法最小化你的損失，停損越快越好。雖然這樣做並不總是正確，但你卻能藉此一直在這個遊戲中存活。

你會怎麼選擇？第一種，如果你持倉直到損失了 10％ 本金或是賺了 10％，那長期來看，你贏錢的機率是 10％。第二種，除非市場證明你的交易正確，否則只持有部位 3 個小時，那麼你會有 90％ 的機會賺錢。答案應該呼之欲出。

關於交易中各種可能性的假設，多數交易者都不知道有哪

些選項可以選擇。別忘了，交易者通常忽略了這一點：**交易其
實是輸家的遊戲，最善於輸的人，最終將會勝出！**

為什麼不做一個經得起時間考驗的決定，改變交易習慣，
採用能給你最好的長期前景的方法。交易絕不是賭博！把它當
做一門生意，你只想在最短的時間內持有最好的商品，以便用
最小的失敗機率獲得最大的利潤——這就是規則1的作用。

亞瑟：我想，有必要對你的規則1做更多討論。

幽靈：當下一個巨變來襲，非常重要的是，你已經確實執
行了規則1。否則，多數交易者學會接受小額損失就停損的唯
一方法，就是遭遇巨額損失。

亞瑟：是的，但這個行為改變的代價也太高昂。針對規則
1，我老婆凱倫提出另一個類似的例子。她說你不會先把衣服
買回家，然後穿到發現它不適合。相反地，你在購買前會先試
穿，確認衣服尺寸或風格才帶走。我覺得這個比喻不錯。

幽靈：人們在日常生活中會盡量少花冤枉錢、避免浪費，
但為什麼一到交易市場，行為就截然不同了？

亞瑟：答案很清楚，在交易時，有幾個人性中的元素控
制了我們。每個人都知道它們的存在，而且或許都必須面對它
們——即恐懼和貪婪。

幽靈：交易時，我們必須盡快排除情緒因素。如果你在建
立部位之前能做到，那會是個很棒的起點。

・・・・・

　　為了更深入理解幽靈的規則1，有些交易者在「期貨漫談」論壇上，發表了自己運用規則1的經驗。以下文章出自一位署名MT的交易者：

　　　　我讀了幽靈的規則1：價格走勢必須證明持有部位正確，否則盡快平倉。我在交易中的做法是，建立部位的同時也在線圖中確認，如果走勢不利，這就是我的停損點位置。停損位置通常就是波段轉折點，如果突破的話，不是將要形成新的趨勢，就絕對是我平倉出場的訊號。要是市場走勢不符合我持有的部位，那停損點可能會是15分線的高點（壓力點）和低點（支撐點）。

　　　　也就是說，有時候在我建立部位之後，如果價格橫盤或略微下滑，但沒有觸及到我預先設定的停損點，我會繼續持有，因為我的交易規則沒有被打破。我以為這種方式就是在運用幽靈的規則1。

　　　　我之所以繼續持有，並非因為價格變化「確認」了我的交易，而是因為價格沒有「確認」我的停損訊號。我原以為這就是幽靈的意思。我得說，我憑藉自己交易計畫的特點，已經用這種策略將損失控制在很小的金額。

　　　　實際上，我卻不自覺違反了幽靈的規則1。我自以為改

變了行為模式，但事實上，我是在做不正確的行動。我相信，其中的差別很微妙。

昨天晚上，我輾轉反側地思考我的交易，忽然蹦出一個靈感（別嘲笑我）。我有很多次賠錢，都賠在入市一個小時或稍久一些，而這段時間內市場基本沒有大的波動，價格也沒有觸及我的停損點。我發現，如果我在前15分鐘就平倉，結果可能會更好。這樣做或許會造成損失，卻會好過價格觸及停損點時的損失。

這時我悟到幽靈的規則。市場沒有在第一個15分鐘認同我的交易！雖然這種情況完全沒有違背我自己的交易計畫，但因為沒有得到市場認可，那就應該盡快平倉。

於是，我回頭檢視過去3個月所做的交易，端看我每天會用的建倉點，計算如果我在15至30分鐘內按照正確的規則1操作，盈虧情況究竟如何。結果發現，兩種方法的結果有巨大差異。我知道馬後炮不一定可靠，但這個結果仍然十分重要。

感謝幽靈。我仍在學習，仍在交易市場。我用5,000美金入市，做當沖交易，而我還未遵循你的規則前，就已經可以存活在市場上──但我現在低於損益兩平。請拭目以待，看看我能否改變現況。我會提供我的最新情況。再一次感謝。你曾經徵求規則1的真實故事。沒錯，這就是我的故事。

▌留在場上：停損要快、損失要小

幽靈：行為的改變，即是知道限制在哪裡。以籃球為例，假設你投籃 1,000 次，命中率不到 50％，這表示無論你何時出手，不進的機率都大於命中。經過訓練，你如果能將命中率提昇至 55％，那你這時才可以說，你出手時得分的機率比較高。

交易也是如此。你必須知道自己能力的限制在哪！在交易中，大部分交易者錯誤的機率會大於正確的機率！依此進行交易……也就表示你要預料到自己交易上的限制（錯誤的機率較大）。

那你要如何勝出？短期而言，你只能靠運氣。但長期來看，運氣甚至還會不利於你。而你必須要能留在場上！

如何在輸家的遊戲中勝出？你必須要能長期交易。那麼，又該如何長期留在場上呢？

我知道的唯一辦法，就是盡量將損失控制到最小，承受比小贏更多的小輸來出頭。通常這表示，你為了能繼續待在遊戲中，必須在看錯時立刻認賠殺出。

論點在於，要假設自己的部位是錯誤的——除非市場證明了你的部位是正確的。停損要快、損失要小。千萬別讓市場來證明你是錯的；要每次都讓市場來告訴你，你的部位正確無誤。

認知錯誤是交易者自己的事，不要丟給市場。

另一方面，當方向正確時，你必須要放大你的獲利，這時

規則2會派上用場。規則2是讓你在獲利時加碼，藉此在輸家的遊戲裡可以長期獲勝。如果你做對方向，還是要繼續用規則1來減少損失。犯錯損失一些小錢無傷大雅，不過，假如你想要長期進行交易，大虧一筆是很嚴重的。

交易一點都不簡單，多數交易者只是任憑市場上下浮沉。做好該做的事情、控制好你的部位，這才是正確的做法，並且使用讓你能存活的規則控制你的部位。

在任何交易計畫中，規則1是最為重要的一條。規則2是交易的另一面，如果你希望長期留在遊戲中，就必須進一步了解。

接受自己是錯誤的，越快越好。

第 3 章

規則 2：
獲利關鍵在於加碼

規則 1 說的是停損的極致，但加碼才是獲利的天
梯——立刻擬定加碼計畫，走上這條贏得暴利的唯
一捷徑。

※ 幽靈的規則2

亞瑟：幽靈，我們剛剛談完了規則1，你要開始講規則2了嗎？

幽靈：兩條規則都有值得好好研究的地方。讓我們來看看事情的另一面，規則2。我們之後會說明符合規則2的情況。現在先來看什麼是規則2——

● 毫無例外且正確地對獲利的部位加碼。

這句話聽起來很普通，但關鍵在於「正確」。你可能更常聽見別人說「停損」，但停損只是事情的一面。如果沒有規則2，你會發現交易甚至不是一場輸贏機率各半的遊戲。如果你沒有正確地對盈利部位加碼，那你永遠無法彌補損失然後賺大錢。你需要規則2，它可以確保你在交易方向正確時，持有較大的部位。與持有錯誤的部位時不同，當你掌握到波段或進入趨勢明朗的市場時，你一定更希望有較大的部位來幫助獲利。

何時又如何替正確的部位加碼？市場如何將你的部位從正確轉變成錯誤？這些問題有很多爭論。我們後續會討論這一部分。首先，讓我們確立規則與原因。先理解規則1和規則2的預期效果，我們就能憑良好的假設與經驗，來證明其中原理。

規則2並不是說，因為你有一個有利部位，就必須增加籌

碼。「正確」的意思是，你必須有一個合格的計畫，當確認過趨勢，才能合理增加籌碼。加碼的適當標準，則取決於你交易計畫中預期的時間範圍。

　　或許你是一個當沖交易者、短線交易者、中期交易者，或是長線趨勢交易者。加碼標準根據交易計畫的不同而有區別。規則 2 的重要性在於，你可以用最少的預期損失，來獲取最大利潤。前提是你必須正確使用規則 1。

　　規則 2 不但能讓你保存獲利的部位，也能加強你持有正確部位的初衷。多數交易者在帳面上獲利時，經常有一種套現的衝動，從而證明自己正確。然而，正確本身卻不表示賺得最多。

　　與此同時，多數交易者還會恐懼市場朝相反的方向發展，從而奪走已擁有的利潤。一般而言，他們會放任損失慢慢變大，但卻在獲利剛啟動時，就急著平倉出場。這只是人性在持有市場部位時的單純反應。在交易中，本能通常不會是正確的技巧。

　　每一次都對獲利的部位加碼，有一個好理由在於，你可以藉此增強持有的信心。因為交易者通常傾向於懷疑持有的部位。對持有部位正確加碼，是最能強化信心的方式。另一個理由是，看對時的持有部位必須大於看錯時的。

　　對一個已經確定獲利的部位進行加碼，必須有方法，才能避免在頂峰建立新部位，一有風吹草動就對交易者不利。加碼必須一次一小步。舉例來說，你的原始部位有 6 口的合約，那

麼在你第一次加碼時增加4口合約，第二次則加2口合約。這樣總共經過兩次加倉，你的原始部位翻倍，比例為3：2：1。

在交易的任何時候，規則1都必須是計畫的一部分，也包括加碼的時候，如此就能保護你的交易免於落入市場大反轉。你的加碼計畫可以是一個簡單的買入訊號（多頭），或一個賣出訊號（空頭），比如45度回檔或支撐線。

▌加碼方式取決於不同的交易計畫

幽靈：規則2中「毫無例外」的意思是，加碼不能由交易者的主觀意志來決定。切記，這並不是否定「按不同計畫來加碼」這種正確方式。對應某個計畫合適的加碼方法，未必對另一個有效。

再看一遍規則2，它只告訴你：必須對（被市場證明的）正確部位加碼，而且必須要正確執行加碼。規則2沒有告訴你如何加碼，因為這要在你自己的交易計畫中落實。同時這條規則也表明，對正確的部位加碼必須毫無例外。規則2具有二個面向：對正確的部位進行心理狀態的強化（包括思維與執行），並且增加你的部位。

亞瑟：幽靈，有些交易者會問：如果必須毫無例外地加碼，那怎麼會有正確加碼的問題？如果一個交易已經被證明正確了，難道不就是合適的加碼時機嗎？你怎麼說？

　　幽靈：加碼當然可以用這種方法執行，但不是所有交易計畫都適用。當我的交易已經證明是正確的，我經常會立刻加碼，因為我的交易週期較長，而且每一步動作都比較小。

　　另外舉個例子，如果你是一個當沖交易者，試圖每天從市場中搏取微利。如果你的部位一旦被市場證明正確，就立刻加碼，那麼因為市場的本質，你會發現你在錯誤的位置加碼。市場大部分時候都呈現上下波動，當沖的角度更是如此。

　　對當沖交易者來說，合適的方法是當部位已經證明正確的時候，在價格適度回檔時加碼。但對於趨勢交易者，方法應該有所不同。趨勢交易者會在突破或噴出時至少加碼一次。你的加碼方法必須符合交易計畫，也取決於計畫。

　　實際上，對當沖交易者來說，遵守規則 2 可能會有困難，除非他們建立了合適的部位並確定加碼能操作無誤。當沖交易者的目標是快速獲利，所以不容易有好的加碼計畫。最好的當沖交易方法，是一次性建倉——包含原始部位和加碼部位，然後用規則 1 來帶你離場，直到市場證明你的部位正確。這就是交易這種輸家遊戲的合適做法。

　　規則 2 說你必須毫無例外地對獲利的部位加碼。身為當沖交易者，你只有在交易正確或市場證明你正確才持有部位。讓市場決定你的部位應該有多大，以當沖而言，可以是從滿倉到空倉的所有比例。

　　趨勢交易者確認自己正確時，部位會由小漸大；當沖交易

者則是起始部位大，發現自己出錯時部位則由大變小。當沖交易者出錯時，部位可能很大；趨勢交易者出錯時，永遠也不會有大部位。

　　站在當沖交易者的角度，這取決於輸家遊戲的本質。當方向錯誤時，透過減碼，當沖交易者面臨的市場風險就不會過高。當然，前提是要持續遵守規則1。

　　持有部位時，曝險的程度和承擔的風險也會受到時間影響，這就是當沖交易者希望發揮優勢之處。趨勢交易者則有更高機率緩和這種短期波動。

　　亞瑟：你是否在此處為當沖交易者改變了規則？

　　幽靈：如果期望長期可以獲利，你必須使用規則2。但你採用的加碼方法，則要根據你的交易計畫而有所不同。此外，當沖交易的目的是快速獲利，所以你為什麼不從一開始就建立最大的部位？不論交易正確或錯誤，你都會全力用規則1來保全你的資金。

　　標準會依你所進行交易的類型有所不同，而超短線交易（scalping）或當沖交易的獲利機率比大多數人想像得低。你進出時必須正確，且每筆交易的執行成本要翻倍。當沖交易者會在預期範圍的回檔處，以及他們認為是優勢的位置上建立大多數的部位。「正確」一詞，對於當沖交易者和趨勢交易者來說，有著全然不同的意義。

　　亞瑟：你的意思是，加碼對當沖交易者不全然是好方法？

幽靈：無論你哪個時間段，正確加碼都有助於在長期有較多收益。不過，當沖絕對是短線，當沖交易者必須設法讓持有部位的成本降到最低，要做到這點，你幾乎要一開始就建立你最大的部位。

我觀察過一位厲害的當沖交易者，他交易時，一開始就建大部位，然後除非市場能證明交易是正確的，否則就逐漸平倉。與證明正確後才加碼相比，他利用這種方法做得很出色，最後賺了很多錢。

我們容易忽略一點——他的部位一開始就很大，這其實就是規則 2。因為當你正確時，這麼做所持有的部位，會大於隨後加碼所持有的部位。但這樣有個缺點，當你看錯方向時，持有的部位會過大。這時，如果你適當地使用規則 1，所持有的部位依然會受到保護，因此這是可接受的，不過，我得再次提醒：規則 1 的重要性不言可喻。

這看似是調整過的規則 2，但正如我所說，你的交易計畫決定你的加碼方式。當交易的方向正確時，你會想持有較大的部位，應該很好理解。當你沒有確定的趨勢，而且不太可能形成趨勢時，這是進行交易的一種方法。

我不能排除上述方法，我在短線交易中用過它來實戰。而當我感覺到趨勢時，就會加碼讓自己擁有更大的部位。

這兩個規則結合在一起，是為了要讓你留在場上，長期下來有最大的機會，用最小損失換得最高獲利。巨額虧損是一些

交易者出局的主要原因。

　　剛開始擬定交易計畫時，你必須納入保障本金的規則。經驗證明，這些規則是你在市場中生存的基礎，並能夠幫你達到交易目標：以最小風險得到最大回報。

▌跟進規則2

　　交易者們無疑想更深入地理解規則2。以論壇上熱烈的討論來看，大家似乎對於為什麼要使用規則2，或者該如何正確使用，都有不同見解。

　　我請幽靈對此進一步解釋，希望可以給交易者們更多啟發。幽靈發現交易者可能會對規則2有些誤解。下面我們選擇幾個有代表性的例子，並進一步說明如何運用規則2。

· · · · ·

　　亞瑟：幽靈，從許多交易者的回饋可以看出，規則2似乎對多數人而言，用起來並不那麼順手？

　　幽靈：現在你該知道，為什麼我們要花那麼多時間講規則1和規則2。到目前為止，大家可以充分理解規則1，卻不太懂規則2。我們從先前的迴響可以發現，在交易者的心中，對規則2的真正目的仍抱持懷疑，而且他們不知道為何該受限於規則2，因為這個規則要求建立更大的部位，而他們原本不想這

樣。

　　我即將要說的，可能會讓一些交易者不開心，但我知道他們還是希望我開誠布公。交易者們為什麼不想在一個獲利的部位上加碼，原因有千百種。下面我會嘗試說明其中幾種。

▍按計畫逐步建倉

　　幽靈： 對於大多數交易者來說，為什麼規則 2 似乎不太管用？很簡單，因為他們一出手就買滿了，而這不符合規則 2 的主旨。部位應該漸進式地增加，直到預期中的部位都建立完成。他們則只有在市場一如預期時，才能建立整個部位。規則 2 就是這個意思。

　　要知道，我不是在抨擊交易者們對規則 2 的觀點。在深入講解規則 2 之前，我們要先注意他們所面對的情況，而非他們的想法。規則 2 是值得信賴的，我們在交易中絕不能忽略它的重要性。如果沒體會過規則 2 帶給你的報酬，就很難理解重倉對於交易者的意義。

　　這當然需要一些行為修正（會在之後的章節詳述）。交易者接受這個規則的唯一途徑，就是實戰經驗——這會比單純從案例中學習更好。不過，這條規則不是要你在錯誤中學習，而是要你使用這條規則獲利，然後得到體悟。

　　關於規則 2 如何讓交易者受益，用實例說明並不容易。所

以，我們會先試著解釋交易者會遭遇的種種困難，同時也要請交易者自省，想想在面臨這些情境時的真實原因。由於交易的本質，你經常會看見自己的行為產生負面影響。與之相比，你卻很少看到、或記住正確交易帶來的正面效果。如果不懂規則2的必要性，當需要對獲利部位加碼時，你卻會把計畫擱在一旁。

在理解規則2時，第一個常發生問題是，交易者無法加碼，或根本沒有任何對獲利部位加碼的具體計畫——他們可能資金不足，或者無法適當地增加額外的部位。另一方面，可能只是因為一開始進場時就已經部位過大，才導致了資金不足的問題。

無論何時，交易者都必須在計畫中，思考要建立的部位大小。如果你跟我一樣，通常進場完成時總共會有六口，你就會更清楚知道自己該投資什麼。你必須要能夠在一開始，就為這樣的部位提供適當資金。

▌正確倉位應該是錯誤倉位的兩倍以上

幽靈：我知道大多數交易者都是希望有一些固定大小的部位，而且從一開始就這樣持有。這種做法不對，無法讓你妥善運用規則1，更根本別提規則2。如果這樣，就算你在交易一開始看對了價格走勢，你首先想到卻會是減碼而不是加碼。

　　當操作正確時，你的部位應該至少要是錯誤時的兩倍或更多。你必須將這個部位納入你的交易計畫。你不能一開始就冒險全押，否則就違反規則。如果一出手就滿倉，那你的交易方式實際上比較接近當沖交易。

　　規則 2 面臨的另一個問題在於，許多交易者實際上都在做當沖，所以他們的部位沒有承擔過多的風險。但這樣一來，他們在任何波段達到預期獲利的機率便降低了。

　　這種交易方式比較像打帶跑，會削弱你對突然湧入場內的大筆買賣單的應變能力。除非趨勢已經非常明確，否則我們永遠也無法預測下單的準確數量或是買賣方向。當然，我們有自己的三波段理論（three-phase theory），而且某種程度上，這個理論確實有用，但是它仍不足以讓我們不用注意場內價格的走向。我們總是在事後回首，才能發現價格的反轉位置，以及可能的支撐或壓力點。

　　我希望交易者能自問兩個問題：

　　一、剛進場時，你是否僅建立預期部位的一部分？

　　二、你是否在初始交易前就準備好加碼？

　　如果你有任何一題的答案是否定的，那你必須回頭去審視一下你的交易計畫。我之前已經說過了。如果你能想到，就一定能做得到。也許交易者一開始都不曾考慮這些，因為很顯然，如果沒有完整的交易計畫，就不會考慮到這些因素。

　　我不希望講得太瑣碎，完全交代實際的作戰計畫或是交易

進程。我想要建立的觀念是：當你發現市場證明你部位是正確
的時候，一定要思考在這部位上增加籌碼。

▌真正讓交易有利可圖的規則

幽靈：我們必須多加咀嚼規則 2，因為它不像規則 1 那樣
簡單直白。對我來說，真正讓我賺到錢是規則 2。不過，規則
2 能發揮效果的地方在於長線交易，而非短線。

規則 2 有不少優點，我們先前也討論過：第一，透過加碼
的行為，保持正確思考方式，是使用規則 2 的重要理由之一。
第二，如果已經確認方向正確，這時當然應該力求持有較大的
部位。

我認為在你的交易計畫中，使用規則 2 還有一個潛在優
點：假如運用得當，規則 2 其實能讓你在整個交易過程中避免
過度頻繁的操作。

如果你一開始就將規則 2 納入交易計畫，那麼，當市場走
勢與你的判斷一致，你就可以克制那種沾沾自喜、證明自己沒
錯的套現衝動。交易者喜歡看見自己正確。

但這是你的心魔。你的動機應該是「在交易中做正確的
事」，包括看對時加碼，或者在市場未證明你正確時立即停損。

要知道，當你認為自己在市場中做對方向，這時不過是交
易的開始——而不是獲利出場的時機，更不用告訴全世界「看

吧，我是對的！」讓我問你：「誰在乎你真的做對了呢？」就算你對了，又怎麼樣。

如果你能在做錯時，把損失控制在最小範圍，而不是在做對時，卻只有小賺，那麼你將成為最優秀的交易者！牢牢記住。如果你很希望自己能夠以交易謀生或賺外快，就應該在獲利部位上加碼。否則最好乖乖認命，因為你最多就只能保本而已。

誰只希望打平就好？我不想。

有一個交易者曾經問我，我年輕時交易賺錢的感覺如何？她還希望我透露賺了多少。我告訴她，如果我每天賺不到一千美元，那交易就不值得我花時間。不過她說，如果她每天能賺一百美元，她就開心了。

我問她是否會在獲利的部位上增加籌碼，她回答說，沒什麼理由這樣做。我那時不是要嘲笑她這個人，而是她那種想法 —— 我告訴她，如果她每個星期有三天賺錢，另外兩天賠錢，那麼不在獲利部位上加碼，會讓她陷入一個輸贏均等的遊戲裡。

重點是，你在有贏面的日子必須把握機會，盡量增加利潤，而不是只跟你運氣不好時打平。不然你就該老老實實去工作，別想靠交易維生。我現在沒有取笑任何人。我對那些小額交易者說的尊敬之語，是出於真心。但他們有必要好好了解「在獲利部位上增加籌碼」的原因與重要性，才能將之應用在

他們的交易計畫中。

　　當市場朝著對你有利的方向進行，你必須有個具體的加碼計畫——這件事甚至到了交易之前，你都不會清楚地意識到。不過，要達成目標，你首先該考慮的就是持有部位的大小。

　　你必須了解，部位大小不是由你做主，而是交由市場決定，而且只能由市場決定。規則2告訴你，在建立部位之前，你必須知道付諸執行的是一個完整的交易計畫。

▋規則2的真正價值：排除過度交易

　　幽靈：現在，規則2的輪廓漸漸清楚。有些讀者看到這裡笑顏逐開，大概已經猜到我要說什麼：正確使用規則2，不僅能使你免於重創，而且你在明朗的趨勢下大舉進場時，還能讓你建立更加完備的部位。

　　其實，我刻意隱藏了規則2中最有價值的一部分內容，雖然這樣做有點對不起讀者，但我想看看有沒有人能夠說出這一部分的內容。期貨論壇上討論的交易者中，至少有一半可以真正理解規則1。

　　而我認為只有少數人能理解規則2，而且他們的論述也不一定很精準。我只發現一名讀者切中要害，其他人都對規則2知之甚少。當然，也許有人已經正確理解了，只是沒有詳細描述。

關於「獲利的部位上加碼」，我當然可以寫出我自己的交易計畫以及訊號，也能告訴你我加碼的確切時間。但這樣只是徒勞，那我不如直接幫你代操，這樣還會賺更多。我一點都不想。別忘了我對小交易者的信心。規則 2 能提供的前景，你必須自己看得更清楚。

然而，如果你陷入了頻繁交易或保證金不足的窘境，恐怕我也愛莫能助。你必須改善這種情況，才能期望在大筆資金的情況下立於不敗。你必須每一次開始建倉時，只建預期部位的一部分，等到市場發展一如你的預期，能夠把部位至少加倍。

規則 1 在一定程度上能保護你的資金，但能給你最大程度保護的卻是規則 2！現在我將告訴你為什麼規則 2 能夠提供最大程度的保護。別懷疑我接下來要說的。

你常常會聽到，不該在虧損部位上加碼攤平。這麼說吧，規則 2 在最初就替你解決了這個問題，因為規則 2 會讓你保持以較小的部位出手。除非市場一如預期，否則你根本不會加碼到滿倉。

那麼，我為什麼要鼓勵你在一開始只建立一半的部位？因為這個遊戲打從一開始就是輸家的遊戲，你在規則 1 就能領悟到這一點。而你在規則 2 中會發現，要能正確地交易，就不應該一出手就買到滿。

你能跟我保證，你從不覺得市場有半點可能與你的交易方向相反嗎？所以當你正確時，你一定要能抓住一段利潤，而當

市場還不能驗證你是正確的時候，所持有的部位最多應當就只是一半。運用規則1來平倉停損，你的損失會很輕微，而不至於使本金一開始就驟降。

你開始看到規則2的價值了嗎？我們之後會再舉一些例子說明，但現在最重要的，是讓我們對它有更深入的理解。每一個交易計畫中，建立部位和增加籌碼的方式各不相同。理解規則2並納入你的計畫，就取決於你自己。

這個方法，不僅能夠讓你在看對時加大部位，也能讓你在看錯時保持較小部位，以降低你的損失。同樣地，我告訴你的這個方法，也能讓你免於過度交易（Over-trade）。當然，確保自己有足夠資金是你的責任，才能讓這一步驟成為對你有利的重要一步。

「永遠不過度交易」是我的規則2的準則之一。你在聽取了規則1、規則2的大量建議之後，必須自己消化吸收，才能實際有效運用這兩個規則。

現在，你已經理解了規則2的背景，而且應該覺得容易許多。而我們是否能更進一步，讓規則2更加深入內心呢？這取決於交易者是否能接受它。如果接受，那一定會達到我預期的目標，而我也會為他們感到驕傲。

我一再強調，而且有十足的把握：人在多數情況下需要衣裝。假如你積極尋求改變，就能讓思維、感知達到更完美的境界，因為知識就是你的新衣。

. . . . .

亞瑟：你要告訴讀者一種觀念：只要正確使用規則 2，便可以避免過度交易，因為在整個交易的過程中，他們的整個部位從未買滿，只有當市場證明了部位是正確的，這時才將一開始預期的整個部位加碼完成。

別一開始就滿倉，而是正確使用規則 2 逐漸加碼，交易者普遍忽略了這一點。我說得對嗎？

幽靈：沒錯。我還說了哪些？

亞瑟：規則 2 還能防止交易者在虧損時繼續加碼，同時不讓起始部位過度膨脹，除非市場證明操作方向正確。這樣說對嗎？

幽靈：不完全對。我希望交易者理解：只有當你交易計畫中的標準告訴你應該加碼的時候，才可以增加部位。你不該只是因為初始部位被市場證明正確就加碼。當你完成後續部位的加碼後，此時——也只有在這時候，我們才可以說他們已經完成了預期部位的建倉。

交易者拚的不是和局

幽靈：如果交易者無法說明自己在已建立的部位上加碼的理由，通常表示他們已經過度交易了。大多數情況下，交易者

不會多加思考為什麼要加碼，因為他們一開始就買滿了。於是他們一進戰場就會面臨最大的風險。

這是你要在交易中要避開的。做投資，你當然得負擔一定風險，但你一定要避免把風險極大化。如果在交易過程中沒有正確的加碼計畫，就很容易出現這種情況。

亞瑟：現在來看，這個道理再明顯不過！就像玩西洋棋，在和局後復盤檢討時，你會發現要是你當初想過和局，或許還更可能獲勝。

幽靈：沒錯，在交易者的計畫中，如果沒有適時運用規則2，那充其量就是拚一個和局罷了。

想在一開始就建立正確的部位──這就是過度交易，也就是剛開始就滿倉的狀況。這麼一來，交易者就不會繼續加碼，因為已經持有了想要的部位。這麼做的重大缺點是，一旦初始部位有錯，所蒙受的損失就會和正確時的獲利一樣多。我們不樂見這種結果。

請銘記在心：如果不改變這些劣勢，交易將永遠是一個輸家的遊戲。善用規則1與規則2，你就能調整交易中你所能改變的部分，進而扭轉劣勢。如果建立任何部位時，未能事先考量「市場證明方向正確」之後的加碼，那麼交易只能算是一場勝負五五波的遊戲。

亞瑟：你覺得要暫停讓大家消化一下，還是繼續討論？

幽靈：現在就好比搭電梯，外面的人要先退一步等裡面

的人出來（參見第8章）。我們先看看還有多少人對規則2不了解，再決定是否需要進一步討論。我對交易新手有信心，他們有機會成為最棒的交易者。我願意回答新手的問題，我可以回答一整天，但我當然沒辦法一直做下去。

　　我正在幫助他們成為最棒的交易者。我知道，他們會成長得比自己想像中得快。我預見他們調整過的新計畫，也同時給予祝福。

　　亞瑟：那麼，讀者都理解了嗎？你是否真正理解「**正確**」二字的涵義？

第 4 章

規則 1 ＋ 2
市場實戰

大師關注的不是如何賺錢，而是如何立於不敗，因
為留在場上的人才能享受時間的複利。兩條必勝規
則讓你每次都大賺小賠，簡單易行。

　　亞瑟：幽靈，你的規則看起來很簡單。讓我們用交易上的一些實際應用來說明。

　　幽靈：在交易上，為了你自己好，規則並不是用來打破的。規則可以帶領你用一種不帶個人主觀判斷的方式交易。你要建構自己的交易計畫，然後透過市場來確認你選擇的部位大小是否正確。你唯一要做的，就是執行交易計畫，同時遵守規則 1 和規則 2。

　　你不需要在開盤時決定這個交易日要做什麼，跟著規則做就對了。你對於期望的目標隨時了然於胸，也不需要去猜想你的部位會發生什麼變化。不是市場證明你的部位正確，就是直接平倉，簡單明瞭。如果市場沒有證明你的部位正確，你也不會曝險到受傷。

　　當然，你有時會遇到一些例外，規則與你和市場動向全然無涉。但這個問題並不大，因為從長遠來看，規則可以讓你持續留在交易遊戲中。你必須好好研究自己的交易計畫，以免在錯的時機買入。即使你犯了盲從市場這種簡單的錯誤，規則 1 仍然可以讓你避免過度虧損。

　　亞瑟：我注意到有些交易者在論壇上提到，使用規則 1 會付出額外的手續費。對此你怎麼看？

　　幽靈：舉個例子，如果今天道瓊工業平均指數漲了 30 點後我買入，期望它在 30 秒後再漲 5 點。但 30 秒之後，我平倉了。這筆交易損失了 1 點。市場繼續下跌，儘管我付了不少手

續費，但如果我繼續持有，我的損失可能仍是手續費的 30 至 40 倍。

　　別告訴我應該繼續持有，到市場好轉再平倉，立刻平倉然後重新審視當前盤勢才是該做的事。儘管有些時候，事實可能會證明繼續持倉沒有錯，但我的心理承受力因為規則 1 的鍛鍊，已經大大提升，使得我下一次操作能保持理智。

▌掌握部位的人是你，而不是市場

　　幽靈：大多數交易人覺得犯錯是件很糟糕的事，如果犯了錯，他們一整天都會悶悶不樂。其實，犯錯是你在下一筆交易中建立正確部位的最佳時機，因為損失有限，你毫無疑問有能力再次交易。如果你讓一筆沒有被市場證明為正確的交易留在計畫中，那你永遠都無法糾正這個錯誤的部位，只能最後平倉脫出。在交易中，良好的心態非常重要。思維清楚的話，交易也會十分順利。

　　我接下來要說的，實際上不是觀察得來，而是透過假設而學到的東西。大部分你從交易中所賺的錢，都來自於你建立部位後就快速飛漲的幾筆交易。這正是規則 2 如此重要的原因。只要看看大多數的起漲趨勢，再看看市場好轉時你自己擁有的獲利部位就知道了。來回橫向波動的市場無法帶來太多收益。

　　在市場上掌控自己的部位，而非讓市場控制你對於部位的

思考，這樣一來，你的交易生活會變得輕鬆愉快，良好交易的能力也會大大提升。因為你知道自己預期什麼，並且從交易一開始，就將這些期望放在心中的首要位置。

如果你監督房屋營建，眼前這棟屋子有好幾項工程要進行，那麼你一定會確保在地基完成之前，先將管線正確放入地基，接著才放心離開。在交易中，建倉也是同樣道理，管線和地基正確完成之後，就能進行下一步。

儘管如此，先前的準備工作隨時都有可能出現問題。例如，地基下陷讓下水道爆裂了。如果是這樣，你又怎麼能繼續建屋？當然沒辦法。交易也是一樣，就算進場後一度正確，只要後續出現問題就要停止。

交易時你絲毫不能放鬆，無論身處何種情況，交易者都必須知道下一步怎麼做。透過不斷練習，讓處理與應變交易的標準，成為你的第二天性。這好比開車，如果你已經駕輕就熟，就無須花太多心力去刻意關注了。

新手一定是懵懵懂懂。你不可能控制市場走向，也不可能知道資金動向。你看不懂一支財力雄厚的基金是要獲利了結，還是再建立新投資部位──其實也沒有人看得準。

你所能做的，就是建立你自己的交易規則和計畫，盡可能納入各種思考角度。就算我能給你一個包含所有市場動向的計畫，你仍有可能做錯，而就算跟隨此計畫、把握每個轉折，而你卻無法承受虧損，那麼我所給你的回檔與規則仍然會把你生

吞活剝。最終，你耗費了所有時間、心力堅持的這一項計畫，會讓你得到你眼中那些微不足道的利潤。當然，你還是會獲得利潤。

然而，一般交易者追求的不僅於此，他們交易不只是為了能賺點小錢夠放假去花。他們不斷追求的報酬，比大多數人在其他投資所認為的合理回報更好。這也是我們要建立規則 1 的初衷之一：你期望獲得豐厚回報，以致於一開始看不到所面臨的巨大風險。但在某個點上，你要面對實際狀況。

交易是個輸家的遊戲，你必須學會如何去輸。每一次只輸很少的那些大輸家，最終卻都能在交易中生存下去。

很明顯地，每一次都損失大筆金錢的小額交易者，很快就會退出交易戰局。有時候，他們甚至連站在邊線旁學習的機會也沒有，失敗讓他們徹底喪志。相信我，因為我見過這種人。世界上最悲哀的，莫過於失去夢想——但比失去夢想更悲哀的，是打從一開始就不知道敵人在哪。

交易者必須清楚知道、並準備好承受市場所帶來的損害，不僅是對於本金，還有對於原本平靜的心境，甚至是自尊。身處交易中，每天都會有意外事件。你必須從建倉開始，就為市場的驚喜做好準備。巨大的驚喜有時可能是你的好朋友，但你還是要有所準備。為什麼我說市場總是出人意料？你有可能精準說出，市場在繼續原本的趨勢之前，將會移動多遠再修正嗎？或是趨勢還會繼續？

　　你所能做的，就是消除市場對你產生的影響。你使用的方法，必須讓你在盤勢不利時，也不會讓市場有機會影響你的部位或心態。讓你一開始便預期會遭遇盤勢不利，並且根據這些可能情況擬定你的行動計畫。

　　當你開始某一次交易，不要把這次交易看成你所做的唯一一次。因為你能進行的交易有成千上萬次，如果使用正確的方法，你不會錯過每一次的走勢。如果你正確交易，就不會在市場中追價。你必須根據每個市場的條件，設定建立初始部位的計畫。

　　當你已經建倉時，規則1是讓你自始至終掌控一切的規則。

　　行為修正有很多形式，但你需要一個規則來隨時提醒，有哪些事情一定得做。有一位交易者推薦了一個妙招，叫做「橡皮筋法」：每次你損失了一大筆錢，或是做了某些糟糕的交易，你就把戴在手腕上的橡皮筋扯斷──如果你能記得這件事。我不喜歡這種方法，但它比起其他方法可能要好一些。

　　當所做的交易發生虧損，你沒有理由沮喪；而如果你已經建立好部位並發生巨額損失，這才是真的會非常難過的時刻。

　　運用規則1，可以保護你免於低潮。一切依據交易計畫行事，要不就是市場證明你的部位正確，所以你持有正確的部位；不然就是市場沒有證明你的部位正確，所以你對持有部位不放心，平倉離開。

　　就這麼簡單！只有在市場沒有確認你持有部位正確，而你

卻又不平倉離場時，才會產生大問題。所以你沒有任何時候需要難過。既然大多數未在合理時限內確認的交易，遲早都會有糟糕的變化，那何不早一點平倉離場？

▌實際應用規則1＋2

　　亞瑟：看起來，交易者的心思應該花在是否建立部位，而不是在部位建立、方向錯誤後才傷腦筋……我的意思是，市場並未確認持有部位正確，你卻苦苦等待市場轉變！

　　幽靈：比較合理的做法是，在你開始交易之前就為下一步行動做好計畫。我猜95％的交易者都是先動手，然後等著市場去證明自己的部位是錯誤的。即使這個部位正確，他們下一步馬上就會考慮平倉的時機。這種行為符合人類天性，也因此，這些人的生活中總是會發生許多意想不到的事。

　　亞瑟：如你所說，人類的本性如此。我知道你對人性做了些研究，範圍涵蓋交易者與非交易者。或許讓我們來談一談你掌握的資料。

　　幽靈：我想先舉些實例，然後讓讀者自行判斷。我們會在行為改變的那一章討論這個問題。

　　亞瑟：我還有一些問題是關於平倉的時機。我知道這有點打亂討論順序，但我認為，我們還是要把規則2也納進討論。

　　幽靈：沒關係，這個問題很常見，所有交易者都想知道平

倉的最佳時機。實際上，規則2回答得很好，因為它說：對於獲利部位要毫無例外地正確加碼。你該做的是在獲利部位上加碼，而不是用自己標準去平倉。當然，你只有在市場證明部位正確的情況下才加碼。

　　你不應該在市場證明你的部位正確時平倉，這樣的話，你做出正確或錯誤決定的機率會一樣大。但如果市場已經證明你是對的，那就絕對是順著第一步繼續的好時機。

　　我們能運用這兩個規則，避免受不確定性之苦，並且在確定的時機勇於加碼。許多交易計畫讓交易者長期持有某個部位，因為他們覺得「反正市場不是上升就是下降」。

　　我得說，這真是蠢斃了。也許我應該保持開放心態。但我必須將這種人歸類成：嘴上說的與實際上做的完全相反。

　　很多次，我親眼看到一檔基金在市場中大撒幣，以便隨後能在市場中大筆賣出。這種操作方案，是想利用市場裡的不確定性因素來取巧。如果你哪一天看到我同時在兩面下單，那我一定是腦筋糊塗了。近年我是比以前糊塗不少，但還不至於糟糕到這種地步。

　　讀者們此時最想問的，就是如何運用這兩個規則？

▌繼續持倉的標準

　　幽靈：用即時行情來舉例可能比較容易，但現在我們只有

後見之明。讓我們用一個很常見的當沖交易技巧來做為例子，但請注意，這次我不會告訴你我的判斷結果。

如果去掉開盤區間（opening range）不算，你說你的計畫希望你做多。好，那麼假如我們進行洋蔥的期貨交易，開盤價格是 1,000 點（10 美元）。然後升到了 1,001 點，而開盤區間是 999 至 1,000 點。你的計畫告訴你應該「買入」，於是你下了買單。你在 1,002 點的時候成交了。為什麼是 1,002 點呢？因為執行的目的是要建立部位，你多付出了 1 個價位。這不算壞，多數情況下這只是小數目。

我們可以討論執行的重要性，也可以繼續討論這筆交易。讓我們先繼續討論後者的本質，然後再談前者。

現在你在 1,002 點是多頭，按照規則 1，你假設這是一個錯誤的交易直到市場證明它正確。如果市場沒有證明，那麼你要平倉。目前為止一切順利。

在你的當沖交易計畫中，證明你正確的標準是什麼？大多數人會說，這取決於錯誤的標準。不對！我們要找出**正確的標準**。我們的計畫提示了三點。

- 如果前半小時市場開盤價比昨天低然後走高，則預期在交易日的上午，價格會比前一日高點更高。
- 只有當市場在前半小時停留在前一天價格的上半部時，該位置才是正確的。
- 必須在收盤前有至少三點利潤。

現在，我問你，你的下一步是什麼？

只有在你參考資料的條件顯示出你的部位正確，才是繼續持倉的標準。你在計畫中需要的其他數據包含昨天的價格範圍、昨天的高點和昨天的收盤價。如果你的當沖交易計畫告訴你用老方法——開盤區間突破法（opening range breakout），昨天的資料就是一個極為重要的標準。

拿剛才的例子來說，昨天的最高價為997點，波動區間則是991至997點。這裡開始有趣了，因為你得決定要不要繼續持倉。如果現在在開盤後三十分鐘，市場才為997點。這時你會怎麼做？

我們交易的第一個評判標準，與你的當沖交易策略有衝突，但你仍在開盤區間突破時買入。我們不在乎兩者是否衝突！我們只在乎是驗證我們部位的因素。

目前為止一切順利。市場已經開盤半小時，現在價格是997點。正如你所知，在開盤前你就必須對你的交易計畫與你將要做的事了然於心。你的部位怎樣才算正確？在交易開始的頭半個小時，你的價格必須處在前一日價格波動區域的上半部。

現在你的價格確實處於昨日波動區域的上半部嗎？

我不打算直接告訴你答案，這樣你就要自己思考。現在我們進行下一步。如果交易日過了一半，市場來到996點，你還持倉嗎？你確實突破了昨日的高點（997點），但你的開盤價（1,000點）卻沒有比昨天低。

好吧，我們繼續！我們在頭半個小時裡持倉。這麼做是正確的。

現在上午的收盤價下跌到996點，但我們是在1,002點買進的——仍然處在昨日價格波動區域的上半部。好，我們現在仍然持倉。然而，入手建倉點不佳，因為與計畫不符。我們本該在開盤價格更低些時建倉，但是開盤價格沒那麼低。好吧，沒關係，既然是當沖交易者，我們是用開盤區間突破法建倉。即使起手建倉的部位不是最好，那又如何！

到了交易日的尾聲，市場的收盤價來到了992點，我們仍然要持倉嗎？你現在應該猜得到答案，但為什麼呢？市場得要收在1,005點我們才會持倉——按交易計畫，收盤時我們必須有3點的利潤。

你如何才能擺脫這種情況？你本應該在午市後下一道收盤停損指令：午市收盤沒有達到1,004點，就該停損平倉。

這個例子帶出許多值得探討的情況，也許就像是讀者對於規則1所產生的許多疑問。規則1無法避免你建立錯誤的部位！那是你自己要做的工作。你必須自己解決自己交易上的矛盾之處。規則1確實能讓你在收盤時退出交易，因為基於已有的標準，只要你的部位沒能證明是正確的，你就平倉。

要謹記在心，我們剛才的例子會跟你在交易計畫中預期的情況大相徑庭。你不能設定說，如果市場沒有跌到980點，就可以一直期望市場會漲到1,100點。你可以期望市場來到1,100

點，但必須有一個期限。

▌市場必須驗證、且持續不斷地驗證

　　幽靈：當市場不再上揚，不管你的期望值是多少，還繼續持有這個部位就是不明智。儘管你的計畫可能包含或簡單或複雜的策略，但當你的部位並沒有一如預期地變化時，這個策略就是錯誤的——並不是到觸及了停損點時才算錯誤。

　　停損點？是的，我們確實使用停損點來離場。但我們並非以停損點做為出脫的標準。有沒有做錯是靠評斷，而不是停損點。

　　在上面的例子中，我們提出了使持倉正確的各種互相衝突的標準，以及一個不佳的入手建倉部位。這是否說明了規則 1 的弦外之音？規則 1 可以使你脫出未被證明正確的部位，卻無法補救已經建立的不良部位。在開盤前就要熟知自己的計畫！在剛才的例子裡，如果在開始操作前就明確了計畫，你就不會在剛才的位置建倉了。

　　亞瑟：好的，我現在懂了。不過，大多數有正職工作的交易者，要如何才能像案例中的那樣交易？

　　幽靈：我可以再舉一些其他例子，但所有這些，最終都要歸結到部位正不正確的標準上。如果你每天晚上都關注新聞來做交易，那麼你的計畫將會不太一樣。你的部位必須更小一

些，這樣就有更大的調整餘地來運用你的標準。

　　上面的例子中，你不該在開盤時運用開盤區間突破法建倉。因此，那些操作不該出現在你的計畫裡。你或許應該設定一個標準，讓你以高於昨日最低價的一個或兩個價位買入，並且附上一個交易期限。例如：假如市場不是按預期方向運動，那就在上午十點以停損點993點平倉。

　　我們的標準明確顯示，開盤後價位如果在頭半個小時後處於波動區間的下半部，就要平倉；確切地說，如果這個部位是正確的，其價位必須在頭半個小時後處於波動區域的上半部。

　　另一個標準是必須遵循OCO指令（one cancels other，同時下了買進和停損指令，當其中一個指令執行後，另一個就取消）或收盤限價停指令（stop limit close only）。不是所有經紀人都能接受所有指令，所以你的計畫中必須包含對這種困難的可能性做出相應思考。

　　在交易上，你一旦失去或少了某項工具，就必須相對降低你的部位，以建立一個有效的長期計畫。路途越遙遠，你就得選一條寬大好走的路出發。如果遇上狹窄的道路，那你最好別選太大的車子（小部位）。

　　我想，你們現在可以清楚地理解：不過是兩條規則，使用的方式卻千變萬化。你也會明白交易為何如此困難：你一方面想成為一個學識淵博的交易者，另一方面必須在收盤之後，將日常交易中的困難徹底清除。

▌小路上最好別開著大車：控制部位

亞瑟：我想請教一個問題，這困擾了我幾十年：你建立部位的時候，是否覺得自己建了一個好的部位？

幽靈：從來沒有！你知道「沒有」的意義嗎？如果一個交易者總是自信滿滿地認為自己非常棒，那他很快就會出局。我能在自己的交易計畫範圍內做好買賣，但不代表我的預測就一定比別人準。在市場證明部位正確之前，誰也說不準。

在交易中，輕易認為自己可以做得很棒，無異於提前簽了一張死亡證明。但絕大多數交易者確實對自己的買賣很有把握，而且還覺得自己只會做好的交易。

有句老話說，市場永遠不會錯。我不想直接反駁，但我覺得也不盡然（參見第 12 章）。不過在某種程度上，這句話確實道出了按價格交易的本質。市場總是大起大落，要做到百戰百勝有十足挑戰性。一旦我們發現市場正在走向極端，就應該利用這種走勢，使其成為自己的優勢。沒幾個交易者能做到這一點。你得運用規則 2，對正確的持倉加碼趁勝追擊。

許多時候，我們不知道加碼的重要，但這和你平倉獲利部位的原因相同。誰真正在乎市場是不是總是正確的呢？價格才是我們衡量資產的標準，而且永遠都是如此。

除非能完全控制部位，並且讓市場完全決定一個部位的正確性，否則對多數交易者來說，交易總是進退失據、一再犯錯。

我之所以一再強調，是因為沒有比這更能讓你印象深刻的辦法。

我不想看到菜鳥被市場吞噬，但很遺憾，這種事時常發生。在多數情況下，新手被老手們擋住了去路，資金上也受到限制。如果新手能避免計畫與希望毀於老手的緊迫盯人，相信他們可以發展得更好。

第一步就是我們的討論。我也曾經在小路上開著大車（大部位），所以我知道，在大道上最好開著小車，結果會全然不同。新手只要多了解，就有機會扭轉乾坤。

・ ・ ・ ・ ・

亞瑟：你我都是交易者，你不會覺得把自己的交易經驗寫下來給其他人參考，是很奇怪的事嗎？

幽靈：搞不好最後你會發現，你所寫的內容可能比想像中更好。收盤後是學習交易的最佳時機。大多數交易者只在交易時學習，這真是錯得離譜！在盤中學習的代價高昂，也容易受情緒波動影響，而這二者都是錯誤的。

亞瑟：我們需要一些例子，來解答交易者對規則 2 的問題。我們何時應該在獲利部位上加碼？何時又應該賣出？

幽靈：我知道讀者會希望看見一個簡單的、具體的交易計畫。但我無法這樣寫，因為要做好交易計畫，需要長時間的努力、經驗與執行力。

我不想預設立場，但事實上，大多數的交易者在剛證明所

持部位是正確的時候，就急急忙忙平倉。他們忘記自己交易的真正目標。交易不只是賺越多越好，最重要的，是在最短時間內賺到。急忙平倉讓他們無法面對市場的回檔，因為他們沒想到市場回檔的問題，而只想著用交易來賺錢。

▌「長線部位」是不斷經過驗證的部位

　　幽靈：我永遠不會忘記我母親的話。那是一個交易日，她來交易所看我，問我這天的工作成果如何。我沒做交易，於是老實說自己損失了一大筆錢。而她回我：「要是我就不會這樣。」

　　那天我沒有處理工作，也沒進行交易。你千萬別學我。然而，這卻是許多交易者的日常，他們會在老媽參訪時把交易放一邊！相信我，你在交易時，每天都會有你媽（各種干擾）來拜訪你！你必須專注你的工作，減少你的損失。

　　幾天前，我受邀到一艘很棒的遊船上享受五天，但代價高昂，因為我沒辦法下買賣單。許多時候，與一切事物相比，最重要的就是全神貫注在你自己的部位。沒有所謂的長線交易！只有轉化為長線持有的部位。

　　無論何時，都別相信「我有個長線部位」這種話，他們怎麼會知道自己的部位是長線？又有誰知道？只有市場才能告訴你，而市場每個交易日都開門營業。別問我的想法，我的想法

不重要。我只能把最高的成敗機率告訴你，至於如何解讀市場則全然取決於你。

亞瑟：那麼規則 2 呢？

幽靈：為了說明得更清楚，我必須再舉一個例子。這麼說吧，假如大豆市場以 85 至 88 點開盤，在頭半個小時後最低價仍是 85 點，但最高價升到了 90 點。如果 88 點比你昨天建倉的價位高出了 15 點，你會怎麼做呢？你會平倉獲利，還是在部位上繼續加碼呢？

我告訴你大多數人怎麼做：他們會平倉，全部獲利了結。因為在賣出時，昨日的建倉又再次證明是正確的。你認為正確的做法是什麼？

你必須運用規則 2。你當然不能透過增加相同或更大的部位，使你的部位變成一個倒金字塔形，因為市場有可能很快就從最低點上漲，萬一你判斷錯誤，那麼你將不得不努力挽救你新買進的那些籌碼。所以，你該用較小的金額加碼。當你昨天的操作獲得市場認可時，你的計畫必須要能告訴你，你要在某個價位循著那個脈絡增加部位。

當然，爭論在於，「我無法確定價格會一直上揚」。那又如何？反正我們從來都不能確定。所以何不順著當下確信的趨勢採取行動？只要你善用規則 1，即使看錯了也沒有太大關係，因為你替自己留了後路。使用規則 2 的時候也不要忘了規則 1。

　　有些交易者會說，他們真的不知道該在哪個價格帶建倉。其實不然，我覺得他們知道！「執行」一詞，意味著你保證自己擁有那些已加碼的部位。有時候，執行是交易最重要的部分。如果你手上空空如也，要怎麼平倉？我知道你以前聽過這種說法，但這必須有良好的前提，必須加上「在市場上」這個條件。

　　那麼，今天我們指出了一個明顯需要加碼的情況。回顧時，事情總是顯而易見。重要的是，當你在獲利部位和價格走勢上耗了相當時間之後，你必須很有把握——是時候了，該獲利了結。

　　別平倉，要加碼。接著，如果市場與預期不同，帶著你的剩餘獲利平倉，然後等待機會在另外一個不同的價位回頭重新建倉。即使你因為錯誤加碼而損失幾個點，那又何妨！如果你體驗過市場噴發時加碼的豐厚報酬，此後你會毫不猶豫地加碼！市場經常會將操作錯誤的交易者拋下。

　　當市場陡升或陡降，這時你的位置可以讓你從獲利平倉者手中拿走籌碼，儘管大膽動手。開始行動時只要你運用規則1，就不用擔心自己的部位是否出錯。其實怎麼做都沒關係，因為規則1會讓你做出正確決定。犯錯不是壞事，可以讓你汲取教訓，從而在操作正確時獲利。

　　多數交易者因為做交易損失了一大筆，結果就錯失下一次交易的機會。沒跟上市場的節奏是件糟糕的事，而且還會每況

愈下。不要讓你的買賣與市場的節奏偏離得太遠，這樣你就容易隨時回到正軌。

．．．．．

亞瑟：幽靈，你說得很簡單，好像每個人都能辦到。

幽靈：不是每個人都有能力做好自己份內的事。學習你所能做到的，然後堅守規則。運用規則裡的保護機制，不要因為自己的需要，就隨意更改、曲解規則。根據規則的初衷來運用它們，如果運用不當，最終會對你自己造成傷害。

亞瑟：我們可以舉更多例子來說明該如何運用規則，但如果我們繼續舉例，我擔心讀者會吃不消。是可以把各種情況一一列舉出來，然後一一解答問題，但我認為這次不需要。

幽靈：沒錯。要完整闡述一個命題，不一定取決於表達得好不好，而是給讀者的印象有多深刻。交易者需要深入到何種程度，完全取決於他們自己。他們可能會犯錯，但只要適當使用規則，就能夠待在遊戲中。

用程式做交易則有所不同。我總是建議他們，依據他們所能找到的最佳知識，來設定屬於自己的條件。你可以從點線圖開始學習市場的特點，即使是別人的圖表，你也可以從中看出市場對於交易者所造成的影響。

我不是說沒有好的交易程式。意思是，交易者必須完全理解這些程式的操作標準，了解其決定建倉、平倉的位置。這些

程式當然不會納入規則1和規則2，你得自己加入這兩條規則，而這樣有可能牴觸程式的操作條件。

所以務必小心，並且針對這些項目，仔細將你的需求傳達給交易程式的供應商。你應該關切的是，能控制損失在一個合理範圍，讓你能在交易市場上立於不敗之地。亞瑟，這樣是不是說得夠清楚了？

亞瑟：我們想說的，就算用一千本書也不可能完全講完。不過我覺得現在已經把觀念說得很清楚，讀者應該也印象深刻。

第 5 章

當沖交易：
規則造就短線高手

注意，幽靈的兩條規則不會牴觸一個好的交易系統。當沖交易者必須找到不同的邏輯、訊號與計畫，別讓時間追著跑。

亞瑟：光看這一章的標題，我好像看見有位藝術家正在描繪這樣一幅畫：所有交易者手上拿著筆記本，而鈴聲馬上就要響起，在這尚末下單的戰前，弓滿弦張，交易所內片刻死寂⋯⋯

幽靈：是的，我還可以告訴你那位藝術家是誰。

亞瑟：是誰？

幽靈：雷羅伊・尼曼（Leroy Neiman），他的作品讓我印象極深。這確實像是他會畫的主題。我忍不住將他與其他人物相提並論，諸如歐普拉、麥可・喬丹，以及音樂人唐・吉布森（Don Gibson）與黎安・萊姆絲（LeAnn Rimes）等等。

亞瑟：還有幽靈⋯⋯

幽靈：不是幽靈，是歌劇院裡的魅影！你必須記住，沒人知道幽靈是誰。實際上，我只有過這一本書存在！就只有這本書！

亞瑟：等等，半年前我們開始這個計畫時，你說是否公開姓名，取決於交易者對這本書的接受程度。難道你反悔了嗎？

幽靈：這正是我想和你討論的。除非你很能寫，不然寫作無法帶來豐厚回報。除了自己記錄，我既沒寫作能力，也不想寫作。靠交易賺的要比寫作更多。這就回到了我把交易智慧和大家分享的本意，如果只是為自己著想，我不會這樣做，因為這樣根本是在浪費我的時間。事實上，我做這件事的主要動機在於，我發現交易者在他們交易的經驗中學得知識。理論很

好，但理論不是實戰磨練而習得的行為，行為模式才是關鍵。

亞瑟：幽靈，你倒是忘得一乾二淨，當初是你來找我，說想回饋其他交易者。你別想騙我！我知道你的盤算！

幽靈：或許吧，但我知道你不會告訴別人。

亞瑟：我現在就要說出來！在這個交易心得的回饋行動中，如果有任何損失，你就會立刻停損；而如果產生了任何貢獻，你肯定也會加碼搞得更大。

幽靈：了不起。

▊黃金守則：永遠不被迫停止交易

亞瑟：我想知道，你在當沖交易中使用的規則，是否跟長線交易的一樣？有沒有規則 1 不適用的交易？

幽靈：從來沒有，交易是由此刻看向未來。若回頭看，你可能會說，有時忘記規則可能會做得更好。但這是事後諸葛，並不是你應有的交易態度。面對那些長期而言可能將你趕出市場的事件，你必須做好計畫，並且保護好你自己。

亞瑟：我看會有不少交易者排隊，等著告訴你你錯了！

幽靈：跟你分享一個真實故事。多年以前，我剛開始使用電腦時，電腦的速度很慢。我因為有太多事要做，所以尋求外部支援。我本來想自己寫程式，但太花時間了。我不想用組合語言寫這個程式，因為我必須在使用前，確認每一步都行得

通。我聯繫了一些新進程式設計師，其中幾個比較有經驗，能夠幫助我。

　　整個過程就像是一個實驗，我將最終人選限縮至四、五位候選人。我要求他們各自為我解決一個問題，並讓他們可以使用電腦與 BASIC 程式語言。我的一個問題是，從 1 到 100 相加的結果是多少。

　　其中一位應徵者用電腦花了 3 分多鐘得出正確答案，另一位則連紙筆、電腦都不用，在 10 秒鐘後得出答案為 5,050。

　　我問後者為什麼只花了 10 秒鐘，他回答：「我把數字分成一對一對，例如 1 和 99，2 和 98，3 和 97。然後我發現有 49 對相加等於 100，這個部分是 4,900，再加上剩餘的 100 和 50，因此得出 5,050 這個答案。」這讓我印象深刻，我到現在還記憶猶新。

　　我想讓你了解，當沖也是同樣狀況。**我們不會全都以同樣方式看待、處理事情！**我們全都追求正確答案，而我給的答案，可以讓你盡可能留在這個遊戲裡，時間越長越好。

　　亞瑟：誰最快得出答案？

　　幽靈：你很清楚是誰，我沒有否認，也不想承認。剛才那個測試結束後，我只得到了初步的印象，但實驗還沒有做完。接著，我請他們各寫一個程式，告訴我從 1 加到 10,000 的正確答案。他們都能用我要求他們的 BASIC 程式語言，寫程式完成這項任務。我判斷優劣的方法是程式計算的速度，而不是透

過程式本身。我之所以用1到10,000，是因為我知道這樣會花更久。

　　所有的程式都算出了正確答案，但速度各不相同。我們因為使用BASIC語言，所以跑起來比我要求的慢一些。大家花費的時間從48秒到3分鐘不等，只有一個人除外。

　　他只花了不到1秒鐘。我十分吃驚，所以我挑了運行最快的兩個程式，並且把兩位程式設計師叫進來驗證。那個48秒的程式寫了以下的迴圈：

N=0, for NN=1 to 10,000, N=N + 1, next NN. Print N.

但48秒還是離我的要求太遠了。最快的程式是：

$N = (N^2 + N) / 2.$ Print N.

　　每一位程式設計師的風格和成果都不同，而不是每個人都能符合我的要求。這和交易是同樣道理，然而交易者的共同點在於，我們全都追求「永遠不被迫停止交易」的能力，以及追求「創造利潤大於損失」的能力。

　　你可以看到，每一種交易風格之中都有不同的變數。但是，我的規則1和規則2的功能，讓你可以在金融交易上走得最遠。當談到交易時間的長度時，我們有規則1；在談到在最

短的時間內取得回報時，我們有規則2。這兩者你缺一不可。

亞瑟：真是太精彩了！

▌當沖的優點與局限

幽靈：讓類似的討論繼續下去吧。分享的知識能讓彼此受益，除非交易者連基本功都一無所知。因為如果沒有交易者的判斷與執行，程式也起不了作用。

亞瑟：我們該從哪裡談當沖？

幽靈：首先，我們探討一下大多數交易者從事當沖的原因，這是規則1的功能所在，同時也是規則2的功能所在。

亞瑟：意思是，你現在贊同做當沖？我記得你以前說你不想做當沖！

幽靈：交易者們渴望交易，並且在最短時間內獲得最大的可能報酬，而不必在一段短時間之後，還為部位、風險、以及部位的曝險徹夜難眠。實際上，在短時間內運用規則1和規則2，正是當沖交易的前奏。

亞瑟：好吧，我接受你的說法。當沖交易者經常不自覺地循著你的規則去做。

幽靈：當沖有其優點，但不是很多，因為它有許多局限。當沖交易之中，其實損失的機會大於獲利，因為時間有限制，所以產生了一種情況，即在鈴響時誰領先便獲勝。

如同籃球比賽，當第四節哨音響起，比賽就結束了——總分高的那隊獲勝。對當沖來說，做完最後一筆交易，你會希望出脫你所持有的部位。你這就是在讓時鐘來決定勝利或者失敗。這種情況對我來說，就是一種限制。

我研究過當沖交易，得出了很多有趣的結論。

- 第一點，你可以利用當沖交易者來獲利，因為你知道當沖交易者想在收盤時平倉。

- 第二點，我發現當沖交易者在控制價格區間這方面，比多數透過小範圍套利在短時間內賺取利潤的投機搶帽客（scalper）優秀。

- 第三點，我了解到當沖確實可以讓交易者所冒的風險更小，並且相較於長期建立大部位，當沖在短期內就建立更大的部位。

我之後學習到至少十個要點，但我們會聚焦在前面這三點，這幾點可能是最重要的，也包含當沖的精華。

當沖適合某些交易者，因為在短時間的限制下，這是他們所知能將風險控制在較小範圍的唯一方法。也有些交易者，他們不想增加保證金持倉過夜，也不想承擔這樣的風險。不管當初選擇做當沖的理由是什麼，當沖是用來表達規則1的有效方式。唯一的例外是，他們通常期望自己的部位是正確的。

搶帽客虧損時通常較快平倉出場，不過他們會持倉到讓利潤略低於當沖交易者所能承受虧損的範圍。換句話說，當沖交

易者賠的比搶帽客賺的還多。於是在虧損的交易之中，就產生了一筆虧損的差異金額。信不信由你，猜猜誰賺走了這筆當沖交易者的額外損失？通常是部位交易者（position traders）。

　　對我來說，這種情況是一個優勢。但你必須知道自己何時有優勢，以及優勢究竟是什麼。這件事沒辦法說得很精準，但我覺得這是因為當沖客的能力不如搶帽客，或者沒有搶帽客的執行力。如果當沖交易者執行時，使用市價單（market order）——特別是處理損失的時候，他們可能會操作得更好。

　　亞瑟：被你這麼一講，許多當沖交易者大概都提不起勁了。

　　幽靈：一點也不會，因為當沖交易者是一類紀律更為嚴明的交易者。如果使用規則1，即在市場證明正確之前認定自己的假設錯誤，那麼多數當沖交易者將會看到不一樣的風景。他們如果運用規則1，就會變成更好的交易者。當沖交易者的勝率較低，這是由於他們不願隔夜持倉的限制。

　　當沖交易另一個大缺點，是對市場價格反應遲鈍。如果當沖交易者使用像是開盤區間突破的準則交易，就得要快速將買單下到交易所中。在這類交易中，他們如果一開盤就持倉然後小心保護，效果會好過使用開盤區間突破。但由於他們想在持倉前確認部位正確，因此通常會等到價格突破才出手。

　　做為當沖交易者，如果交易跟著準則走，依據規則1執行並受其保護，而不是由於信息遲滯而導致交易慢半拍，那操作就會更好。當沖交易的另一項缺點，在於交易者必須準確地選

擇切入點。你估算的價格幾乎不可能精確無誤，比較好的情況是能夠選擇一個區間範圍執行，而非某個具體價格。

平倉出場也是同樣情況。這一切的一切都會減少進行當沖交易的可能獲利。

那麼我們該怎麼辦？當沖交易者能透過在一定區間內多筆交易的平均價格來防止利潤流失，但你不要企圖在一個趨勢已經明確的市場裡這樣操作。如果你不好好研究市場的特點，趨勢將會報復你，讓你建立錯誤的部位。反趨勢也是同樣，這主要是因為總有一些弱勢部位最終會轉為獲利，但這是當沖交易者的噩夢。

· · · · ·

亞瑟：你怎麼能把當沖說得這麼有把握？

幽靈：最好的交易者會認真聽我的意見，好好研讀，仔細研究，再決定我的可信度有多少。他們會根據具體情況做出相應判斷，並且用這些修正後的判斷來進行他們的交易。

這正是我們希望大家去做的事。許多人都以為當沖交易門檻很低、簡單又好賺，這完全是誤解。當沖交易可能適合某些人，但不是人人都適合。只要了解當沖的一些缺點，這個道理就很清楚。

亞瑟：先前提到，當沖也可以拿來解釋規則 2，這又怎麼說？

幽靈：當沖交易者多會傾向建立一個較大的部位，因為他們知道自己平倉的速度會比大多數部位交易者來得快，長遠來看，他們承擔的風險會更小一些，這讓他們有了過度交易能力，或者可以說，放大了他們的交易量能。

在規則 2 中，持有的部位若是正確的就應該加碼，而我猜，這就是當沖交易者在考慮放大交易時的想法。不論對或錯，在正確的準則之下，加碼是正確動作。但當沖的問題在於，錯誤機率幾乎等同於正確機率，使得當沖成為一個勝負各半的賭局，而少了在正確時加碼那種優勢。

對當沖交易者來說，即使情況非常順利，要在正確操作之後加碼也很困難，因為當沖交易有著一天交易時間的限制，在建立初始部位後，後續的加碼必須要快速到位。如果有辦法加碼，當沖交易通常無法允許加碼超過一次。有一種情況也很常見：有利可圖的部位很快被搶光，進一步限制獲利的範圍。

▍更好的執行方式：找到不同標準

亞瑟：如題，我們做當沖交易時，有沒有更好的執行方式？

幽靈：當然有！現在當沖交易者大概都豎起耳朵了。如果有人出個好價錢，我很樂意賣出這個方法。

好啦，只是開玩笑。答案其實就在交易者自己的研究中：

要找出導致自己在當沖交易中大幅虧損的原因。現在立刻檢視你的建倉、平倉標準，看看到底哪一部分失靈了。然後從反面思考，如果當沖交易的某一個標準不起作用或出現錯誤，會產生什麼後果。接著，想出一種移除部位的方式，直到部位被市場證明正確為止。最後，你就會自然而然得出結論。

　　當沖交易者能把上述方法都整合在一起嗎？並非所有情況都適用，正如之前所說。趨勢和逆趨勢往往每天都能影響當沖交易者——因為當沖交易者不太關心趨勢變化。

　　下一步，就是建立一個標準來進行部位調整，你絕對不能讓時鐘來決定你何時平倉出場。

　　對當沖來說，最重要的就是你不能跟大家玩著一模一樣的遊戲。例如，你做開盤區間突破，但每個人都會這麼做。雖然你只是想操作一次，但長遠來看你這麼操作早晚會失敗。

　　你必須用不同方式設定你的交易準則。讓我們假設你在開盤價格區間的第三個波段進行交易。為什麼？因為如果來到第三波，市場傾向轉變為一個適合當沖交易的市場，而這就是你對自己的角色設定：當沖交易者。現在，你做為當沖交易者，預期市場會照著期望的方向走。你預期市場會回檔，但如果錯了怎麼辦？這樣的話就獲利了結，而不是準備在來回波動的交易中勉強地損益兩平。

　　即使在沒有明顯趨勢的市場中進行交易，你也可以採用與趨勢相反的衰減（fading）交易策略。例如，洋蔥最後十天的

波動區間平均為8美分（前所未聞），你的操作標準可以是5這個古老的費波那契數（Fibonacci number）。你等待下挫5美分就買進，或是有5美分反彈就賣出。我不是說這套在你所在的市場一定管用，但你可以研究一下，並且在無波段的市場中建立屬於你自己的準則。

我知道有些當沖交易者會休假一天，在無趨勢的市場中等待市場價格連續兩天朝同一方向前進才動工。接下來的那天就屬於他們了，因為他們會等待市場反轉的時機，然後建立與前兩天相反方向的部位。

當沖交易就是過去幾天的心理學研究。如果運用規則1，你就會在長期交易中比其他人擁有更大的勝出機會。它不是百分百準確，但只要理解，並且控制損失在比較低的程度，長遠來看就可能獲利。如果你掌握了勝率，只要操作正確無誤，不論結果如何，最終你都會滿意。

當沖交易中很重要的一點是，不要只是將前一天的最高點、最低點以及收盤價輸入到你的交易系統訊號裡，點線圖其實能更直接地反映市場動態，因為點線圖不會受限於一天的範圍。

記住，你所使用的交易方式，必須與其他當沖交易者有所區別，也要和喜歡使用直條圖的那些部位交易者不同，這樣你的優勢才會比他們多。

最後一點，當沖交易不要只是聽信別人。檢視你的特定市

場，然後找出它在一天內變化的特徵。當你試圖建倉時，你認為不錯的交易很可能與你想像的不一樣。下市價單來確保自己建立起部位，不過得要機靈點。空倉則百無一用。

・・・・・

　　亞瑟：幽靈，有一個當沖老手想提問：在連續的虧損交易之後，如果使用價格波動率突破系統（volatility breakout system）和停損點，你還能有效地運用規則1和規則2嗎？

　　幽靈：我可以告訴你這是誰的概念，以及這個概念後來的發展，但我不想駁斥或替這些資料背書。在某些市場裡，這是一種絕佳的當沖交易方式。然而不是所有市場都適合。我確信，使用這種方法的交易者可以憑經驗，知道該要避開哪些市場。

　　沒錯，你可以照樣使用規則1，因為規則1是假設你所持有的部位錯誤，直到被市場證明正確為止。遭受了一連串損失之後，你肯定會知道形勢好轉的可能性有多大。如果情況不可能反轉，你當然希望盡快平倉。當然，在你按照既定規則進入市場之後，市場必須要證明你是正確的。

　　我們再一次使用洋蔥市場的例子。我們用「日結算」（end-of-day）標準為例，說明當沖交易的最終標準。日結算標準是用來平倉的，當沖交易者一般會在收盤時平倉。一整天死盯著一個對自己持倉很不利的市場，直到收盤時才平倉——這是一

件很有挑戰性的事情，可有時候你的交易標準確實需要你這樣做。不過你知道，如果市場沒有證明持倉正確，你就必須平倉。光是這一點，就可以讓你免於持倉過夜的風險。

關於如何運用規則2。在經歷一連串達到停損指標而出場的損失之後，你在初始部位上加碼的機會是多少？這只能等部位被證明是正確之後再說。

在短時間內判斷部位的性質是否已經得到充分證明，然後決定是加碼或平倉。我同意，在這種計畫下，如果你的資料來源迅速，下單入場速度也夠快，你絕對能夠持有部位來增加獲利。我喜歡這種交易風格的一點是：你在某個時間點上只能二擇一──加碼或平倉。

注意，規則1和規則2不論何時都不會牴觸一個成功的交易系統，可以讓你免於被擊垮。這是你原有交易計畫之外的額外保護，這兩條規則甚至還能與你的原計畫結合得很完美。我很感謝那位交易者的提問，也了解他正處於哪個進程。我感覺他在自己的交易風格中，為了制定適當標準進行了合理研究，而且正在獲得回報。我樂見這種事。事實證明，交易並非易事，而是行為修正與知識。

你可以從其他交易者學到許多東西，但千萬不要只是模仿，結果迷失了自我。前幾天，我聽見一個商業頻道的主播，說有個交易者整天都不停地丟賣單，討論的主題是「為何那個交易者當時會這麼做」。我聽見一個正確答案：他在平衡他的

部位。

　　我記得有一次我一整天都下買單，而當天市場是以下跌趨勢收盤的，一個交易者過來問我為什麼一整天都做多（頭）。但他不知道的是，我每次買入之後反手就會丟出兩倍的賣單指令。

　　我想說的是，你不會了解其他交易者真正的意圖。你只會知道，你在某個時間點看見他做的事情。那天，我的計畫是根據當天市場走勢，建立起我的部位。我每買入一筆，都會要求我的經紀人反向持倉兩倍。我會嘗試抵銷我建倉的空頭部位，而因為平倉出場是錯誤的，所以我們會再次以兩倍的量放空。當天快結束時，我持有的部位是我原先預計持有部位的兩倍，並且與我原先設定的方向相反。然而我只知道一件事：必須加快操作速度。

　　有時，你的標準可能會是，你必須迅速採取行動以承擔任何可能的損失——特別是某位聯準會主席發表談話的時候。

　　亞瑟：對於這種意外，有沒有預做因應的方法？

　　幽靈：有的，就是……永遠不要過度交易。

第 6 章

選擇權：
規則下的
無風險交易

交易者可以透過選擇權以小博大，但也可能消融於
無形。本章實例引導，將兩條必勝規則融會貫通，
在場上無往不利。

比起單純的期貨交易、債券和股票交易，選擇權交易為你的交易計畫提供了更多可能性。人們有多少種想法，似乎就會有多少種交易模式。幽靈使用選擇權的原因五花八門，大多數理解選擇權的交易者也是如此。

這一章的目的，是要給所有交易者一些獨特觀點，而非特別針對某些專家。選擇權有很多東西要學，也需要很多研究才能做好準備。同時，要對市場在多空兩方呈現的情況，保持一個開放的心態。

・・・・・

▎冰塊、水與天秤：掌握選擇權變數

亞瑟：幽靈，我知道你對於選擇權交易的看法和做法與大多數交易者不同，我們如何更好地理解選擇權交易呢？

幽靈：多數交易者知道什麼是選擇權，以及其運作的方式。我把它們比喻為冰塊：冰在水中的時候，要麼被融化，要麼周圍的水也跟著凝固而變得更大。如果水凝固，體積會比原來的液態大。當交易者的操作一切順利，選擇權就能以小博大。但也有可能一如預期地消融於無形。

我喜歡對應期貨合約，衡量我每一個選擇權的部位。我的意思是，每個部位或是部位組合都有權重。為了讓你加深印

象，我們用天秤來講解。我指的那種——左右兩邊各有一個托盤，中間有平衡指針的天秤。以將冰塊放入一杯水中的例子來說，我認為冰塊的重量是已經購買的買權，而水的重量是已經賣出的賣權。*

不論冰塊有多大（買入買權）或還剩多少水（賣出賣權），那杯水的總重量仍然維持不變。如果溫度低於零度，冰塊可能變得更大，水變少。不管冰塊（多頭選擇權買入）多大或還有多少水（空頭選擇權售空）留在杯裡，整個杯子的重量仍保持不變。當溫度低於零度時，冰塊會變大，同時水會減少。

買權和賣權也是同樣道理。它們能夠、也將會改變數量的多寡。我將冰塊的大小稱為一個變數，水的總量也是一個變數。任何時候，在不考慮利息因素、波動率和時間因素的條件下，如果履約價格相同，將買入買權的變數與賣出賣權的變數相加，理論上你會得到100的值。

我們以此做為經驗法則，在這個案例中，讓我們假設變數是正100%。你也可以反過來思考變數是負100%：將冰塊視為已賣出買權，而將玻璃杯中的水視為已買賣權。

在天秤的另一端，你有同等部位大小的期貨，使得它平衡選擇權的那端。你杯中含有冰塊的水（在相同履約價格買進

---

* 譯注：買權（call）即多頭選擇權的買方有權以約定價格在一定期限內購買對應證券；賣權（put）即空頭選擇權的買方有權以約定價格在一定期限內出售對應證券。

買權、賣出賣權）正好被一個空頭期貨合約沖銷。只要一直持
有這些部位，你就能得到平衡而且毫無市場風險。我們稱之
為轉換組合（conversion）。在天秤選擇權的那端是合成期貨
（synthetic future），你可以做多或做空合成期貨，然後藉由反
向的期貨合約沖銷。

　　目前為止都很簡單。當你開始放入一些變數，它就會產生
巨大變化。依據不同的履約價格，每個杯子的大小將會不同。
換句話說，即使我們起始部位的變數是100%，我們的杯子大
小將會不同。我把杯子的大小看做是水和冰塊的總和。雖然在
不同的履約價格上，它是不同的，但變數仍然是100%。你可
能比我更快了解上述內容。假如你有幾何圖形的概念，還可以
獲得一些樂趣。

　　我們可以考慮把天秤一邊的期貨合約去掉，但仍要維持天
秤平衡！所以我們把一個相反的選擇權部位放在另一邊，這樣
依舊維持平衡。猜猜結果如何？我們實際上做的，是在沖銷我
們的部位，在天秤上沒有真實的部位存在。我們只有在某些情
形才能賺錢，而我們必須知道如何在必要時調整部位。

　　現在我們需要做一些假設。當然我們可以提出無窮無盡的
方案——或者我會說，幾乎無窮無盡。但我們要做的是提出一
個計畫，一個幾乎能在任何情形下賺錢的計畫，而且它也要包
含了規則1與規則2。

　　我們可以透過使用不同的履約價格來平衡天秤，而不只是

使用相同的履約價格。我們也可以調整天秤，使它具有多頭或空頭傾向。這些仍是很簡單的操作。

　　現在，我們在最底層天秤兩端各加上一架天秤，這樣你有三架天秤可以使用。你甚至可以在第二層天秤上的兩端，再加上第三層。你瞧，在所有天秤兩端，你都有機會移動部位，卻仍保持天秤的平衡。你每增加一架天秤，情況就變得更複雜。你可以隨意加上任何數量的天秤。不過，你將難以控制天秤保持平衡。這種狀況，會發生在一些沒有思考清楚的選擇權部位上。

▌舉重若輕，用規則 1 ＋ 2 減少變數

　　幽靈：我希望天秤和冰塊的例子不會讓讀者困惑，但這非常關鍵，能讓你充分理解每個操作對整體部位的影響。我的選擇權模型是由許多天秤組成，當我將資訊輸入方案，方案將決定每個變數會如何改變我的部位。當你知道如何利用價格波動性、時間耗損（Time Decay）以及價格變化，就能從中獲利。這時對條件設定的研究也會變得更廣泛和深入。

　　在此不去深究某些特定方案，更深入的選擇權知識不是我今天要教的，我要讓你知道的是，如何使選擇權交易結合到一個良好的交易模型，同時使用規則 1、規則 2 來規避損失。

　　亞瑟：我知道你用了向量法、重量法、成交量以及角度法

來做為你電腦程式的一部分,以建立平衡標準、期權評估的常規研究。我也知道你建立了自己的選擇權價格評估體系,而這個評估方式與大多數方式截然不同。這是因為你不想受制於別人設定的框架嗎?

幽靈:這好比一顆籃球,當施加的壓力產生變化時,即使籃球的外形不變,但它每次反彈的角度都不同。選擇權也是一樣,我在牛市中如何評估選擇權價值,與在熊市中的評估是不同的。市場只考慮價格波動性的不同,但你可以思索怎樣利用選擇權這工具。

如果我給你一個提示,即從現在開始,我們將考慮看多選擇權及看空選擇權,而不只是根據價格調整波動率。那麼,你應該更能理解你在交易中預期的是什麼,而不是每天去臆測股票市場的波動幅度。這些以前都討論過,我在此也不打算改變大家所深信最好的方法。事實上,有時用不同的角度看待問題,可能會處理得更好。

首先,我將探討一些運用規則1的選擇權可能組合。因為我們要先假定我們是錯的,直到被市場證明我們持有的選擇權正確為止。我們用非常保守的部位開始。比方說,在我們的標準看來,現在牛市已經展開了。好,但我們有可能判斷錯誤,所以我們沒有建立看多選擇權,反而建立了一個多頭差價(Bull Spread)選擇權組合。多頭價差選擇權組合是買進一個低履約價的選擇權,同時賣出一個高履約價的選擇權。這使得

規則1產生效用。

選擇權專家們會說，我們只用了很小規模的選擇權部位。是的，這是為了讓市場證明我們是正確的。舉例來說，當期指在990點時，我們買進一個履約價為1,000的買權，同時我們賣出一個履約價為1,010的買權。

我們如果單純買進履約價為1,000的買權（不含其他組合），那麼買入買權所付的價格，要高於我們也同時賣出履約價為1,010的買權（使用多頭差價選擇權組合）。在此處，我們控制潛在的損失最多不超過我們付出的代價，比如說3個點。而在同一情況下，如果我們只買入一個單純的買權，而沒有使用多頭價差選擇權策略（沒有同時賣出履約價為1,010的買權），則可能使我們損失5個點。我們利用規則1使損失降至3個點。無論何時，我們最大的損失都是3個點。

現在會發生什麼情況？理論上有三種可能。但其中一種不會發生，因為價格不會恆久維持不變，總是會上升或下降。我們所持有的部位會發生什麼事？當冰塊融化時，我們可能會損失時間價值；而當市場交易的熱度降低時，我們會損失因價格波動所產生的獲利。

我們已經使用規則1，所以較少受到時間耗損的影響。因為我們沒有採取純粹買入買權的方式，所以不會建立很大的部位，也較少受價格波動性降低的影響。

好的，但是專家提醒，我們採取這樣的策略的代價是失去

潛在利益。沒錯，確實如此，他們又說對了。但這不正是規則
1想讓我們的損失降到最低的情景嗎？這遊戲的本質，不正是
要我們能永久生存在遊戲中嗎？是的，所以我們需要規則2來
賺錢！

相對於期貨，規則2在選擇權的應用效果更好，原因主要
在於價格波動性可以增加也可以減少。當期貨在有限的範圍上
升或下降時，選擇權除了表現出類似的漲跌外，還具有部分專
家稱之為價格波動性改變的附加值。而我把它稱之為從液體轉
變為固體的過程——水結成冰後體積更大。

任何時候，當你買進一個履約價為1,000的買權，並且賣
出一個履約價為1,010的買權（使用多頭差價選擇權組合）後，
你不會損失多於3個點。假設我們操作正確的標準是「市場至
少移動15個點」，這樣一來，在1,005點時，我們接受自己是
正確的。

此時，我們將擴大部位。要怎麼做？我們建構自己的選擇
權組合的方式有很多可能。但由於波動性的增加，最好的方案
是買入一個履約價高於當前價格的選擇權。我們希望部位大小
的delta值可以倍增。50%、60%或75%的delta值最多只能達
到100%，然而一個較低的delta值則會使我們有成倍、三倍甚
至更高回報的可能，此外，我們投入市場承擔著風險的本金還
更少。

現在為了說明，我們舉個例子：我們買入了履約價在1,020

的買權。由於波動增加，我們付出6個點。風險是什麼？我們冒著原先3個點的風險，可是因為波動性增加與價格變動，我們所擁有的多頭差價選擇權組合，假設來到了6個點。那麼，因為我們付出6個點買入履約價為1,020的買權，所以我們仍然只有損失3個點的風險。不是嗎？我們擁有價值6個點（1,000／1,010多頭價差選擇權組合）加上價值6個點（履約價1,020的買權），總值為12個點。我們只是付出3個點加6個點，或說總共價值9個點。此時，我們有3個點的利潤，而且可以使用規則1。此外，透過繼續使用這些標準，部位不會有額外風險，這讓我們不被市場下跌困擾。要做到這點，需要保持靈活，並恰當地運用規則1。我們尚且不知這個部位是否正確，在此也將使用規則2。

價值的變化將基於這個品種合約的剩餘時間及價格波動。但是，為了僅僅作為例子解釋如何使用規則1及規則2，我們在這裡不考慮這些變數。假設兩週之後，價格升到1,030，我們意識到這是反向操作的時機，那該怎麼做？

現在來到選擇權中最有意思的部分。大多數交易者都想獲利了結，但我們在此要再次使用規則2。必須進一步改變部位。市場看起來像要反轉，而我們並不打算獲利出場——於是決定建立退出方案。賣出一個履約價為1,010的買權，使我們擁有具備3個不同履約價的一個多頭價差選擇權組合和一個空頭價差選擇權組合。實際上，我們稱之為蝶式價差選擇

（Butterfly）。

由於波動性的增加，我們賣出一個履約價為 1,010 的買權，收取 20 個點。好，那麼我們在此交易中的風險是什麼？我們在第一個多頭價差選擇權組合上（買入履約價為 1,000 的買權，賣出履約價為 1,010 的買權）付出 3 個點，加上買入履約價為 1,020 的買權付出的 6 個點。但是，別忘了，我們賣了履約價為 1,010 的看多選擇權獲利 20 個點。這意味著我們付出了 $-3 - 6 = -9$ 個點，收入則是 20 個點。賺了 11 個點。沒錯，有些專家會說，如果單純將部位平倉清掉，會賺得更多。好吧，我們做得不算好！但目前仍然有 367% 的利潤。這樣還不錯，是吧？

兩週之後來到了選擇權到期日，這時期指為 1,009。噢，天哪，我們忘記了那些蝶式價差選擇權部位！好吧，來看看能怎麼做。

蝶式價差選擇權目前的價值是多少呢？答案是 9 個點。好，平倉，付出手續費；或者不要平倉，透過執行履約價為 1,000 的買權來沖銷。最終，我們的蝶式價差選擇權仍然存在。我們設定一個交割日，假定選擇權到期時，市場在 1,000 至 1,020 點範圍內，我們在交易中將獲利 11 至 21 個點（這取決於蝶式價差選擇權在哪個價位沖銷）。透過賣出履約價為 1,010 的看多選擇權，我們獲利 11 個點，此外，還將獲得一個在 0 至 10 個點之間的利潤，這取決於在哪個價位沖銷蝶式價差選擇權。

在操作選擇權時，不要將利潤吃乾抹淨，而是要發揮槓桿作用。

　　我們最大的風險是我們最初始的 3 個點，不會更多。在選擇權交易中透過正確運用規則 1，可以將風險控制在有限範圍內。我們也增加了部位，而且運用規則 2。稍等一下，還不只這樣！一旦在已有的蝶式價差選擇權組合上，再加上第二個賣出的買權，就永遠不會有損失，因為在價格移動的過程中，我們完成總共四個選擇權的交易，獲利 11 個點，並且持有蝶式選擇權在手。兩張多頭選擇權按 1,000 和 1,020 買進，兩張空頭選擇權按 1,010 賣出。換句話說，一旦使天秤兩端平衡，我們永遠不會有損失。

　　專家此時又開口了：「如果市場不是上升到 1,005 然後又升高觸及 1,030 點，而是跌到 980 點呢？」如果出現這種情況，那可能損失 3 個點。我們在選擇權交易中設立什麼樣的比率呢？損失 3 個點與獲利 20 個點相比，等於 6.6：1（算上手續費，比率會再略低，並且還取決於選擇權到期日時市場的價位水準）。

· · · · ·

　　亞瑟：上面看起來滿簡單的，全部就這樣嗎？

　　幽靈：我不希望有人認為這是一件容易的事，因為你必須意識到執行選擇權的準備工作，以及波動性增加或減少會對選擇權有何種影響。我希望藉此啟發你們，去吸收學習更多選擇

權的知識。

　　選擇權交易的主要祕訣之一，就是透過進行無風險或低風險交易，以及調整部位，使之成為無風險交易，然後等待到期日可能的豐厚收益。如果你準備做蝶式價差選擇權交易，你必須知道，流動性或許不會總是很好，這樣一來，你直接買入蝶式價差選擇權交易組合的時間，可能會拖長。如果使用多頭價差選擇權組合，然後加上空頭價差選擇權組合，就能經常建構蝶式價差選擇權交易組合。如果你是開戶在券商，當然也需要考慮手續費——你必須清楚所有的費用以降低支出佔比。

　　亞瑟：你想談些其他策略嗎？

　　幽靈：讓我們看看交易者們還想知道什麼。

第 7 章

圖表與指標：
大師的天機

如果所有計畫都是基於別人的標準，那你最終只能仰人鼻息。觀察公開資料，找到獨家訊號，規則融合圖表才能飛上天際。

　　這一章是獻給我們共同的朋友約翰·丹佛（John Denver，70年代紅極一時的美國音樂人）。丹佛在1997年10月12日的一次飛機失事中過世。他用歌聲打動我們的心靈，且他的博愛澤及所有生靈。當我們在雲端翱翔，分享過往歡笑時，我們對他的追憶已然超越生死。他的背影漸漸遠去，彼岸珍重，我們的兄弟。

　　圖表或許是人們在交易中最常使用的工具。它不僅顯示最高價、最低價，還能顯示當前價格和其他資料，資料本身又能衍生出其他有用的資訊。每一個交易者對於圖表，都有一套自己應用、解釋的方法。有些人自己製作圖表，有些人從商業賣家那裡購買。

　　談到使用圖表，幽靈回憶起在交易所時，許多圖表都被繪製成大圖，讓所有人都一目了然。這一章，我們將繼續分享幽靈關於圖表的智慧。

· · · · ·

▌雲端跳躍：幽靈腦中的立體圖像

　　亞瑟：幽靈，我想知道交易者要怎麼有效組織他們辦公室裡的各種圖表。我一直認為，交易時需要研究的資訊越少，對當前的市場狀況就越能迅速反應。可以談談你的經驗嗎？

幽靈：首先，你說的是「雲端跳躍」！以前我會在星期日下午去公園製作我的圖表。你看，放在架上那一台大型收音機是個老古董，帶我回到大約三十年前。我轉開它的時候，你會聽見WGN電台和埃迪·哈博多（Eddie Hubbard）的節目，背景音樂是節目的主題曲「布魯克林的窮苦人」。

我懷疑有多少老傢伙會對這些有興趣，但同樣地，過往時光肯定值得領略。回味一下是挺好，不為什麼，純粹只是為了重溫舊日。

我在星期日下午所畫的圖表，看的是這些！我會望向天空，看著所有風箏在天空飛翔。在我的圖表中，一切都用數量表示。所有的風箏是在地上，不是在天上，而未平倉量（open interest）就是一只在天空中飛翔的風箏。雲朵則是我圖表中的價格，在圖表的上半部，我會用一條線將所有雲朵連接在一起，將一切都畫入圖表；在圖表的下半部，則有成交量和未平倉量。

當我看到雲團在我的天空市場裡移動，我會根據現有的雲團走高，或者一朵較低的新雲團形成，在圖表上放置另一個點。從雲團高點與代表未平倉量的風箏、或者與代表成交量的風箏背離之處，我會得到賣出的訊號，賣出象徵陽光的那些期貨。

那時，我父親會問我在做什麼，而我會回答：「爸爸，我在雲端跳躍。」

　　我很擅長雲端跳躍和陽光期貨，因為我可以預測出什麼時候雲團會再次聚集。我想那個時候大概只有十三歲，那是我第一次自己製圖。

　　關於交易圖表，我之所以告訴你這種微不足道的事，是因為最近這幾個星期，我又看到交易者的交易訊號呈現出同樣情況。多數時候，雲端跳躍在大部分人眼中看來沒什麼意義，但如果起了作用，我要去跟誰解釋：我的雲端跳躍對我全然有效！

▎大眾圖表看趨勢，自設圖表找優勢

　　幽靈：做圖表有利有弊。當你用圖表回顧以往，試圖得到交易訊號時，你會很容易誤解，認為自己其實可以在交易中更正確。這當然有可能，但不管你的圖表指標能多麼精確地顯示過去，你必須永遠記住規則1。僅僅因為十次裡命中九次，也不表示這90%的準確性將會維持下去。你要時時刻刻警覺，保護好你的部位。

　　我認為圖表最大的優勢在於：你能從中清楚地看出，在某一點上其他的交易者是怎麼想的。你應該還記得，我說我不全然同意「市場永遠是正確的」這種說法，不過我們可以隨著市場變化搭順風車，或者逆勢而為。你曾經多少次以某種方式將公眾情緒視為絕大多數人的觀點？結果發生了什麼事？這種想

法大多時候是錯的。

　　就圖表而言，我得說，我最強烈的訊號出現的時間點是：當支撐或背離被打破，而大部分人的想法卻與發生在支撐或背離處的事實相違背的時候。

　　我不想討論太具體的圖表和指標，因為種類實在是太多了，解釋的方法也是五花八門。我盡量把我認為對交易者最有用的資訊講出來。雖然我可以逐一解釋每一個指標和製圖過程，但這樣沒太多意義。交易者都必須制定自己的圖表標準。

　　我製作圖表不是基於我自己，而是基於每種類型的訊號會給其他交易員何種指示。我總是一直尋找自己的優勢。如果我不使用一項工具，就自然不會在乎它的圖表指出什麼，但因為別人都在使用，我還是要知道這些指標。我需要了解其他的交易者是怎麼想的。

　　我從不建立與我的訊號相反的部位，但這並不代表「我不會建立與同行的圖表或指標相反的部位」。我的標準是把別人的訊號納入考慮的範疇，就算那對我而言不是個直接的訊號指標。

　　很多交易計畫基於各種圖表和指標，這些計畫在某一段時間內可以說是準確的。但據此操作的最大問題是，它不包括規則 1 和規則 2，所以長遠來看，交易者有可能無法繼續待在交易遊戲中。那種計畫可能會包含所謂的資金管理，但這部分卻老是變成整個計畫的弱點。挫折會逐漸打擊交易者，直到最後

他們的信心消失殆盡。

▋製圖思路進化：最重要的資料是什麼？

亞瑟：對於使用圖表，你有什麼具體建議？

幽靈：有。當你看到大多數圖表給你的訊息時，顯而易見地，這時其他人也從圖表中讀到了相同資料，然後想要據此建立一個最準確的操作模式。

圖表有用或無用的關鍵，對我來說，在於你要帶著其他人的圖表，像做菜一樣灑上適合自己的鹽巴，建立屬於你的圖表——上面會呈現他人通常無從得知的資料。所有柱狀圖顯示的動態都是相同的，包括當日最高點、最低點、收盤價、開盤價、成交量和移動平均線或指標。這正是我更偏好點數圖（point-and-figure chart，又稱OX圖）的原因之一。點數圖不把每日柱狀圖那些價格點視為該日最重要的訊息。

我問你，如果你有一張與標準長條圖有著相同參數的圖表，結果你的每日高、低、收盤和開盤數據的時間範圍卻不是以每日為架構，你會怎麼想？你可能會大笑。笑得好！這表示我們英雄所見略同。

我在此給你一個想法和一個例子。如果你畫了一張圖表，呈現出收盤前一小時十五分鐘的市場狀況。我們可以說，一天之中最重要的交易資料都包含在交易日的最後一段時間裡了。

我們甚至可以稱它為你隔天開盤的圖表。也就是說，今天這個交易日最後的一小時十五分鐘，已經呈現在明天的圖表上，我們叫做次日的支撐和壓力。延續這個圖表，直到明天收盤前的一小時十五分鐘。這樣就完成了我們一個完整交易日的圖表。

好啦，我想讀者應該知道我想讓你們思考的問題了。別忘記，我不是在告訴你如何製圖，而是舉例說服你改變原來的製圖思路。大多數的交易者都不會這樣去製圖，原因千百種，但這對我而言是件好事。多數人不能這樣獲取資料，因為他們只能從報紙、經紀人那裡得到一些過期的東西。

對於明日的交易，我認為你需要某種形式的突破，才能獲得優勢。對我而言，優勢雖然沒有執行重要，但只有擁有了優勢，你可以執行得更好。因為你會在遊戲中處於領先——走在其他當沖交易者、搶帽投機客和部位交易者，以及基金操盤手的前面，而不是使用他們的資料跟在後面。相反地，你使用的是自己的資料，看得比別人還長遠。運用規則 1 和規則 2，建立比別人出色一點的計畫。

盤後回測和研究是不可少的功課，但大多數交易者連今天的資料都抓不到。我跟你打包票，未來一定會有人看到我最近的操作，然後說「換我用電腦賺點零用錢了」！看到了吧，前線才剛開啟，那些最精明、最敏銳的交易者才能最終得勝利。我希望你能運用「不同觀點的圖表」。我十三歲就試著用不同方式呈現圖表，你當然可以馬上開始。

　　研究、研究、再研究！好好了解各種圖表能如何加強你的交易計畫。我已經寫出我在某些交易情況下的主要標準，這一定有助於你理解。改變你圖表中的時間段，試試15分鐘、30分鐘，半天、第一個小時或其他時間框架。

　　只是別在這些圖表本身花太多時間，因為隨著時間推移，我們會持續看到更多圖表，而且越來越精良。直到有一天，它們受到大家注意、然後密切關注到一種程度，以至於不再具有相同的價值。

　　在交易中，你要試圖讓機率變得對你有利。藉由規則1和規則2，朝著正確的方向前行。靈活運用頭腦，就像那位電腦工程師一樣——以一個不同的角度看事情。藝術家也是從不同的角度看世界，那你為什麼不能呢？

　　亞瑟：叫交易者想出自己的計畫，而且製作自己的圖表，難道這不會太危險嗎？

　　幽靈：中心思想在於：交易沒有想像中簡單。尤其當你想在交易中獲得優勢。我不希望交易者在少了規則1的保護，以及規則2的加碼概念的情況下，運用自己設計的訊號進場和退場。

▎個人的價值：小丑羅比的故事

　　幽靈：我對小交易者有信心！每一個交易者都是從小額

交易開始。沒有誰能一步登天成為大交易家。最重要的是「開始」，起跑線是最棒的位置，只有開始你才能夠體驗整個過程。

我對小交易者為何有強烈信心。我相信，如果一位大人物對旁人抱持信心和期望，那將會改變他們的生命。優秀的導師知道，他們的教導會在那些受益於他們信念的人身上成長茁壯。

在此分享一個很精彩的故事，是一位才智卓越的人告訴我的。我通常喜歡用自己的方式講，但現在我會呈現故事的原貌。

某一年，有一位教幾何的數學老師接了一班學生，數量比其他班更多。三十八個學生實在太多，根本無法按照學校要求給予一對一指導。更糟的是，這個班級的學生不僅人數多，壞學生的比例也偏高。

班上有個學生叫羅伯特，綽號羅比，在學校裡沒拿過高於D的成績。他是班上的小丑，而且一直以來都是如此，因為其他的學生也這麼看他。羅比本人無心向學，還對同學誇耀說，再過幾個月就是他十六歲生日，那時他要直接放棄學業。

其實有三個同學的名字都是羅伯特。大家平時對他們有不同叫法，分別是羅比、羅博和羅伯特。開學過了兩個星期，新老師很快就能區分這三人了，因為被叫「羅伯特」的學生總是數學名列前茅。

開學一個多月後，準備召開第一次家長會。那位老師要求每一位同學的家長都要到。但當天晚上只有三分之一的家長出席。老師可以透過家長的出席狀況，清楚知道該學生目前的表

現。那位老師和每一家人都談了三到五分鐘，並稍微了解各家的狀況。

最後一對父母起初有些拘束和害羞，但與老師握手寒喧後，他們似乎輕鬆了一些。當老師問起他們的名字，這對父母沒有回答，只是隨口問道：「我家羅伯特表現怎麼樣？」

老師想了一下，回答：「我沒看過這麼優秀的學生，他興趣很廣泛，樂意成為同學們的榜樣。對於這些將成為我們未來領袖的孩子們來說，你兒子就是活生生的榜樣。在這個時代，能遇見像羅伯特這樣優秀的學生，會讓認識他的每一個人都很驕傲，我非常欣慰！」

聽了這些話，羅伯特的父母驕傲地挺直腰杆，離開時臉上滿是笑容。

又過了三個月，進入第一學期的期末時。那位老師注意到，這班學生比他原來預期的更好。他為了要了解進步的程度，以及為什麼能進步，於是又花了更多精力來提高教學品質。這一學年結束時，老師取得了輝煌成果——沒有一個學生不及格——甚至連小丑羅比也及格了！實際上，羅比不只做完了所有作業，還參加過一次數學獎學金考試，獲得全國排名的高分。到了二年級時，羅比還贏得了數學獎學金。老師對自己的教學水準非常得意。

在這個班最後一天，所有學生離開之後，羅比站到了講桌前跟老師說話。羅比伸出手說：「我媽媽把你說的話告訴我！

以前我沒聽過有人希望我跟我同班，也沒人關心我有沒有在學習。謝謝你，給我的生活帶來了希望。」

老師哭了，因為所有改進的努力，都來自那個年初的家長會。看到這大家應該明白了，那一對害羞的家長問起羅比的近況，但老師誤以為他們是羅伯特的父母，而不是羅比的父母。在家長會上，老師犯了一個他一生中最大的錯誤，以為是品學兼優的那一個羅伯特。這不僅是他一生中最大的錯誤，也是最美好的一個。

一個成年人為何流淚？難道從孩子身上學到如此寶貴的東西，不是件振奮人心的事嗎？落淚又算什麼！人的一生，我們有時驀然回首，才意識到我們得到了什麼。

亞瑟：非常感人的故事！你剛才說，你喜歡用不同的方式講？

幽靈：我會把羅比的名字換成「一位優秀的交易者」。你必須明白，做為一個交易者，總會在某個時刻受到靈感眷顧。你會在某個時間點犯下交易生涯中最大錯誤，同時也成為你一個最美麗的錯誤。

至於我個人，則希望有學生會走到我面前說：「幽靈，以前沒有人希望我跟他們一同學習，也沒人管我是不是有學到交易的方法。謝謝你教給我交易的正確方法。」

我現在唯一希望能做的事，就是我希望變成一名更好的老師！

亞瑟：接下來要討論什麼？這些話太出乎預料、太令我感動了，我都忘記要問什麼。

幽靈：接著談點數圖。你可以暫時和你太太到山裡散散步，放鬆一下。

亞瑟：好。讓我好好思索你剛才說的——不只是為了寫這本書，也是為了思考一下我自己的個人價值。

・・・・・

▌解讀第一手資料，忠於自己的訊號

亞瑟：關於點數圖，有一個我經常看到的問題：格值（box size）的大小究竟該如何設定？

幽靈：事實是，你在點線圖上使用的回溯條件和價格間隔越小，你就越接近市場的本質特徵和每筆成交流量。為了理解交易的本質和每一個市場特徵，我建議你先用較小價格間隔的圖表。請記住，它必須具有一些超出平日買賣差額的重要意義。

每個市場格值的設定，可以是每日預期價格移動區間的某個比率。讓我舉黃豆為例，如果黃豆每日的價格波動通常是9美分，我可能會使用一個大小為1×3的單位格子——每單位格子的格值為1美分，每個具有重要意義的價格反轉至少需達到3美分。這等於是說，將預期每日價格波動的10%做為格

值，並且使用預期每日價格波動的 30% 為反轉條件。

隨著時間推移，你可以逐漸放大圖表的尺寸。你可能會同時用幾個點數圖來做比較。假如你已經設置好程式，電腦可以替你代勞。對交易者來說，不斷提高自己的自動化程度是一件很重要的事情。

在你成功之前就先改善你的資料搜集系統比較好，還是之後呢？這個問題和劇作家約瑟夫・海勒（Joseph Heller）作品中的「第二十二條軍規」一樣：空軍基地的飛行員必須是瘋子，才可以免於執行作戰任務，但免於作戰必須自己申請，而只要還能申請就不會是瘋子，因此飛行員永遠不能避不出戰。如果你要加深自己對市場的理解，就必須提高自己的交易技巧，但如果你要提高自己的交易技巧，又必須對市場有深刻認識。大多數交易者由於資金拮据，所以一開始都不願意花大錢來改善自己的基礎條件。可是，假如你所有資料都是基於別人的標準、資訊而來，你自己又能做什麼呢？你會被別人限制，最終只能仰人鼻息。

我不想談點數圖的使用細節，因為你們還可以參考許多其他好書。學習的重點在於支撐線、壓力線，識別三波以及突破。這樣你就能透過市場的參數，查看每日的交易情況。解讀第一手資料非常重要，點數圖就是這樣一個好工具。

試試親手繪製點線圖，別透過電腦，如此或許更有助於你理解市場，並在這一類圖表上分辨有用的資料。我也建議，如

果你只能用一張圖表，就必須是點數圖。

　　我不是吝於提供解讀圖表的知識，但有件事很重要，交易者必須要提出自己的思維和想法。由他人提供想法，只會限制了交易者們發展自己可能建立的廣闊視野。你要自己做功課，然後決定自己的圖表要呈現出什麼。

　　在一些關於圖表和訊號標準的程式中，我限制程式只輸入重要的資料資訊。我可以用64個資料輸入欄位，根據它們的重要性大小，對每一條資料都進行權衡，或者乾脆只輸入一半。在輸入之前，這些資料都要經過我的標準的檢驗（篩選）。換句話說，如果符合第一關標準，這些輸入就會進到下一關標準的檢驗。這種方式類似於視力測驗，因為你最終期待一個能告訴你整體結果的答案。

　　圖表和標準就像是最後一副眼鏡，在視力檢測結束後，你會戴上這副眼鏡。交易也是同樣道理，當你的資料通過你設定的標準，就表示你將使用那些資料。這有什麼好懷疑呢？

　　許多交易者總是不遵循規則。比如說，他們上次使用標準訊號時虧錢了，因此他們不想再進行下一次交易。結果卻是大波段！如果你經過一次虧損，對你的訊號不太滿意，那就必須回頭檢查交易計畫、標準哪裡有問題，然後再輸入你認為是正確的資料。如果每次你需要的資料都被排除，那你的訊號根本就沒用。要宏觀的檢視你的交易計畫，而不是其中的片片斷斷。你的訊號要很明確，不能含糊不清。

也有這種時候：你的一切行動都不起作用。如果局勢總是如此，我覺得你一定違反了另外一些已知的事實。投資多樣化確實能減少你的風險，但只有長時間來看才有這種效果。在短線交易上，這樣可能更靠運氣，不論是好是壞。但相信我，如果你只是靠運氣，那麼當碰上壞運氣，你就會完蛋。

圖表不是包治百病的妙方，如果交易者無法正確執行，就等於是一疊廢紙。無論何時，如果不能當一個像樣的交易者並建立好部位，你就會走錯方向。牢牢記住，在正確地操作之前，一定要建一個好部位。

‧ ‧ ‧ ‧ ‧

亞瑟：場內的交易者們最常用的是哪一種圖表？

幽靈：我看過有人用點數圖，或是從半小時、10 分鐘乃至 1 分鐘的直條圖。我也看過幾種新流行，例如以量為基礎的價格表，還有上面有著動量和價格指標的多色圖表。

亞瑟：你在場內最常用的是哪一種？

幽靈：在場內交易時，除了在頭腦裡畫圖，我不會用其他圖表。我腦中的圖表比較類似於點數圖。當我在尋找第三波，這種圖表更方便，可以讓我在第三波建立一個相對於一般大眾的部位。尤其是在部位加碼時，它的效果非常好，而且讓我的建倉點更清晰，也更符合保護性。

我現在不常去交易所內了，除非有不尋常的訊號。只有當

我的指標顯示有異常向下的偏向時，我才會去交易所，因為在我看來，那些逆轉向下的市場的重力似乎非常大。

我大多數圖表都存在電腦裡，但電腦不是當天才給我訊號。我喜歡前一天就知道訊號，這樣可以比較機械化，而且不帶任何情感。在交易上這點很重要——盡可能消除人為因素，只有這樣，你才能真正做到客觀。

你也可以這樣想：那些錢不再看成是屬於自己，這時你會比較容易做出正確的決定。當然，也有可能因為錢不是自己的，反而不太在乎。所以無論何時，只管堅定追隨你的訊號和規則。如果長期下來仍效果不彰，那你可能用錯系統，不然就是根本沒有執行我的二條規則。

亞瑟：又回到這個問題：這兩條規則是否適用於所有交易者？

幽靈：如果每個人都使用同一套計畫，那市場就不復存在了——我們可能除了有限的每日波動之外什麼也沒有。我們確實需要不同觀點與想法。我只是想要一個能長期有用的計畫，讓我盡可能降低虧損，至少低於剛入行的時候。我必須有個計畫，不管今天發生了什麼，都能讓我心中有數，而且明天、後天、明年、下個十年……只要我想要，就能繼續交易下去。

永遠不要以為沒人關心你有沒有在交易中學到東西。我確實關心，但我堅持，你必須為「學到正確知識」這件事負起全責。這不僅包含了交易的標準，也包含行為改變的正確方法，

能讓你長期成功。交易生涯應該是長期的過程。短期暴富在交易中行不通。我並不是反對短線交易，而是說你必須在交易生涯中培養遠見，不能眼光淺短，只看到眼前的蠅頭小利。

　　有些最好的交易者進入市場時很窮！然後變得更潦倒，直到最終成功！

第 8 章

行為修正：
紀律的養成

修正不只是改變，你需要在交易計畫中納入正確修
正行為的因素，才能克服天性，對訊號做出正確反
應。

　　幽靈說交易生涯教了他一件事：正確交易必須結合知識及行為修正這兩個重要因素。我們接下來會深入討論一些行為修正的方法，都是幽靈多年來看過或是使用過的方法。關於行為修正，幽靈喜歡專業人士的觀點，但重要的是，必須考量市場給交易者的特殊情況。幽靈並不是行為修正的專家，幽靈希望大家都明確知道這一點。

· · · · ·

▍行為修正不是生物本能

　　亞瑟：幽靈，我們都知道在討論行為修正時，必須如履薄冰一般地小心翼翼。你在這個領域夠資格的地方，大概僅止於提供你的經歷還有見聞。

　　幽靈：沒錯，感謝你的提醒。這很重要，因為至少我們能說，我的方法不見得非常科學。

　　亞瑟：修正行為，從而使自己能夠適應交易的需要以取得成功，你是從哪裡起步？

　　幽靈：我們要來回顧一下，上一堂歷史課。不是每個人都喜歡歷史，但這是理解昔日行為和事件的一種方法，並且從中策畫未來。交易也是一樣。我們必須理解我們目前的行為，才能判斷我們需要做些什麼，以改變我們的交易風格（假設有的

話）。

如果經一事沒有長一智，交易者會不斷重蹈覆轍。下判斷之前，我們必須先知道什麼是正確反應，什麼是錯誤反應，才能知道某種情況的正確反應。

在大多數情況下，適當的反應都相當明顯。例如，多數交易者會用市場最終的結果，來判斷自己的行為是否合適。有些交易者則比他人了解什麼是正確行為。正確行為是一種習得的過程，而且不一定那麼理所當然。

研究動物比人容易，我認為這可能是研究動物行為的一個好理由。對任何動物做一次簡單的條件—反射事件，然後觀察會有什麼結果。例如：你家的狗本來不知道「燙傷」的意思。以前壁爐還是燒煤炭時，我祖父經常揭開爐蓋，在爐子裡放點玉米殼和玉米杆讓火大一點。這時，祖父會將爐蓋放在地板的耐熱材料上。

然後，有隻狗喜歡溫暖的地方，於是跑來躺在爐子旁邊。當牠不小心躺在這個爐蓋上，就會發出一種誇張叫聲（你可能常在交易所中聽到）。牠可以透過本能來進行習慣改變，讓牠再也不躺在爐蓋上。不過，這是正確的行為修正方式嗎？

亞瑟：我聽過這個例子。而且，那隻狗甚至連冰冷的爐蓋都不會去碰。我猜這種行為改變讓牠不會又被烤焦。以狗兒的例子來說，我認為這是適當的習得行為。這好比你弟弟把火燙的馬蹄鐵扔在地上，永遠都不會再去撿另一個馬蹄鐵。

幽靈：是的，但你會發現交易者也是這樣學習。他們一旦遭受到很大損失，就絕對不會再次接受同樣的建倉訊號，或者甚至不再使用該訊號。這不是一種良好的習得行為，而是對於某個結果的「本能反應」所導致的習得行為。行為修正是成功交易的要素，而上述不過是眾多例子的其中之一。

▌幽靈規則中的行為修正

幽靈：交易者除非以適當的行為來對事件做出反應（尤其是預期之外的突發事件），否則怎能期待成功？我認為，除了我的兩個交易規則外，交易者還必須對自己在交易中的行為模式（他們賴以生存且有成功經驗的方法），有一個詳盡的清單。期貨論壇上有些交易者忽略了規則1的一部分——那就是這兩個規則也包含了行為修正。

亞瑟：解釋一下，規則1中的行為修正是什麼！

幽靈：先看看規則1怎麼說！在交易這種輸家遊戲裡，一開始時我們應該站在與大多數人對立的立場，假定自己是錯的，直到被證明正確為止！建立的倉位必須減少或清除，一直到市場證明這個部位的正確性。（不假定自己是正確的，直到被證明為錯誤；讓市場去驗證正確的部位，而非不正確的部位）

規則1表達了「交易是輸家的遊戲」這個事實，而我們在與大眾對立的立場開始遊戲，直到被證明正確以前，都假定自

己是錯誤，從而納入了行為修正。

　　由於講解了交易是一種輸家的遊戲，我們每一次建倉時會產生不同的思路。同樣，也由於講解了交易的起始點是在相對於大眾的立場，直到被驗證之前都要假定自己是錯的，於是我們的想法會因此改變。不該在錯誤的假設下交易，假如我們預設所有人都可能在交易中獲利，那我們的行為將會基於盈利保護，而非停損保護。換句話說，焦點會變成何時獲利，而不會去思考損失，更別提突如其來的損失了。

　　持有部位時，要讓正確的假設與適當的行為用正確地結合。假如有了適當的假設，就能納入適當的行為。我們會專注於保護自己擁有的，而不是先預期獲利，這就是行為修正。這在交易上與任何建倉、平倉計畫一樣重要。

　　再來，我們從規則中知道，保護部位的適當行為即是除去所建的部位，除非市場證明你持倉正確。這就是適當行為，而非讓市場來提醒你正在虧損。

　　當市場提醒你正在虧損時，你的離場反應並非出於本能，因為你可能會胃痛，卻沒有真正發生什麼事。身體的化學變化帶來的不適感，無法教給你什麼正確行為。實際上，當你身體有化學變化時，你反而會變得更大膽，因為這是一種自然反應的保護——卻不是你想要學習的行為。

　　你其實永遠都不希望市場波動讓你不舒服。它有破壞性，而你若沒有學會的修正行為，根本就無法做出適當反應。

　　規則1的設計是為了保護你免於不幸。一旦發生不幸，你大部分時間會做出錯誤的交易決定。雖然也會有例外，但通常不是在你剛開始交易的時候。所有交易者都有個出發點，那你何不盡快學會正確掌握這一規則？

　　亞瑟：我想有一些心理學專家會質疑你的看法。

　　幽靈：沒錯，他們是心理學方面的專家，但不是交易專家。而我，在這兩個領域也算不上是專家。我只是個「了解自己」的專家，這就是現在我交易的本事——專精於自身！

　　我可以告訴你規則2為何也隱含了行為修正，但我們得給讀者一些線索，讓他們自己試著推敲。

　　亞瑟：好，就讓讀者自己試著解釋、推理規則2，讓他們更能理解專精於他們自己，就像你說的。

　　有件事很奇怪，我們準備了一張討論綱要，卻還不能談及大部分的要點；至於我們已經談過的部分，又顯得有些失序。這似乎是表示，像交易這種可廣泛解釋的領域中，真的找不到一個可以遵循的計畫。我不認為你冒犯哪個專家的領域。接著，我們來討論你所觀察到的行為和行為修正的一些案例好嗎？

　　幽靈：案例有很多，而且每一位交易者大概都能舉出更好的例子。我先從「搭電梯」的行為開始。

▍從容進出的交易者：電梯觀察

幽靈：我渴望知道大眾在特定情況下的想法，所以將普通人和交易者相比較是很重要的。我想要看看，交易者在搭電梯這種狀況，會不會有不一樣的思考與反應——搭電梯這件事夠簡單，也複雜到可以讓我們有變量來將數據分組。這不夠科學，但確實讓我長了不少見識。我不會寫出真實結果，而是提供細節，讓讀者自己決定。

我們曾經在一棟遠離交易區的大樓裡，從最高的電梯樓層觀察。我們看著那些等電梯的人，看看他們會有怎樣的行為。有兩種狀態可選：一種是他們會立刻進入電梯，或者第二種，他們會先往後退。由於只有設定了兩種狀態供選擇（二進制），所以我們可以有更佳的程式資料。

我們觀察的第二組，則是在一棟交易所最高的電梯樓層。在場外交易員沒有穿制服的情況下，我們假設大部分行為者都是交易者。此外，了解「新手交易員」這群人也很重要，於是我們納入了第三組。在他們不知情的狀況下，把他們帶到頂樓，好讓我們做觀察。

實驗結果令人吃驚。當電梯來到頂層剛開門，大多數人會使勁往裡面擠。他們不考慮有人要出電梯，有一些人甚至在裡面的人還沒出來之前就會擠進去。奇怪的是，大多數先進到電梯的人，顯然沒有意識到電梯已經到了頂樓，也沒想到電梯裡

面的所有人都會出來。其他人則是在電梯抵達時，就堵在電梯門口。

也有少數人會向後退一步，他們預期在裡面所有人出來、外面所有人進去之前，電梯不會關門向下。於是他們會等到最後才進電梯，而且這樣一來，到達樓層時他們還可以先走出電梯。我不會告訴你這三組人哪一組做得最好，因為你得決定你自己將如何反應。

這個小實驗有重要提示，因為交易與搭電梯沒有太大區別。市場有上漲和下跌，趨勢可能看多、停滯和看空。然而，交易者在一定時間內卻什麼也沒做。電梯乘客的行為修正很難發生，交易也是一樣。誰會教你這些呢？

好，我們已經做了行為觀察。接下來我們會告訴新手交易員，必須先向後退，因為裡面塞滿了要出電梯的人。他們變得很棒，甚至根本不用在乎哪一台電梯會先到。此時，產生了我們所要的行為修正，但這對新手交易員來說，是正確的行為修正模式嗎？他們的做法在這個案例中有用，因為他們被告知要這樣做。

· · · · ·

幽靈：我不想重複，但我忍不住要說——交易也是一樣。交易者多半是被告知提醒，從而改變自己的行為。但對交易者來說，這是正確的行為修正方式嗎？當然，答案很明確，不是，

完全不是。交易者必須深入研究學習，才能知道所有情況下的正確的行為修正。他們為了理解何種行為在交易上能幫助他們成功，必須花費很多心神進行內心探索，並解讀大量市場資料。

　　交易要成功，知識和行為修正缺一不可。這句話你應該深有同感。在交易者最初開戶時，從來沒有人告訴他們，他們的交易行為可能會是如何。他們在財務上有交易的資格，也看得懂解釋風險的披露文件，卻很少有機會看見任何警告標誌，提醒他們要去學習各種情況下的交易行為。

　　你瞧，行為修正是自己的責任，而不是別人的。任何人都無法主宰你的行為。我只能告訴你，假如你沒有適當的行為修正計畫，那你根本不可能成功。我如果沒有行為修正計畫，絕對無法在交易所上生存至今。

　　對於交易者來說，行為修正可以有很多方向，並且可以由專家做不同定義。所有成功的交易計畫都包含了行為修正的因素。我認為，最好的是進行正確觀察與正確反應的計畫。

　　亞瑟：我這裡還有其他我寫下來的例子。或許給讀者一些想法，讓他們自己研究會比較有趣。

　　幽靈：比起自己發現，我不認為我們能給出更好的想法。我了解讀者或許對我某些思考感興趣。如果我們抓住一些，那就很不錯了。我已經指出了行為修正的焦點。要提供一本關於行為修正的完整著作並不難，但這樣的書，並不能幫讀者探求適合自己的交易規則。

亞瑟：我懂你的意思。有沒有在行為修正領域讓你印象深刻的人物？

幽靈：有的，有一位我所欣賞的天才，他是唯一讓我由衷認為他擁有所有的成功要素。如果說出他的名字，那很多優秀的交易者將會失望，因為這些人的眼光其實已經很接近完美——而且精準度很難長久維持。

變化，意味著在交易過程中經常改變行為。我無法知道每個人的交易特徵，此外，我也不是有資格評判的權威人士。我是個觀察的專家，但我觀察的是自身的交易。

我很想說出他的姓名，但現在這樣不公平。總有一天我會告訴你。實際上，我有一本日記，上面記錄了我眼中的那些大人物的成就，那個人當然也在其中。我自己不在裡面，我不覺得我能相提並論。

亞瑟：我猜，讀者很想知道如何藉由模仿高手或改變行為，從而成為一名成功的交易者，你怎麼看？

幽靈：你又給我出了難題。不過我有個很好的故事，容我稍稍離題用下面這個例子來說明。

▌先修正觀念：籃球訓練營的觀察

幽靈：某一次籃球訓練營，有30多個學生正在進行投籃訓練。有一半的人被帶到體育館外，被告知要坐下來，以意念

練習罰球線投籃。另一半則待在體育館內，實際練習真正的罰球線投籃。

就這樣，練習持續了三天。到第四天，所有人都實際進行100次的罰球線投籃。雖然在體育館外面練習的學生這三天根本沒有真正投籃，但他們的成績反而更好。

總教練很吃驚，他問外面那一組的教練，為什麼那些學生表現如此優異。外面那組的教練說：「先前，我的大多數隊員投籃都是對準籃框，而不是對準籃框上方。於是我每天都各別點名，告訴他們要把球投到比籃框高的地方，而不是直直對著籃框。到了第三天，我的孩子們有重大進展，因為他們在心中沒有錯失任何一球。」

我不用描述總教練的表情，你也能想像他瞠目結舌、不敢置信地搖著頭。對他來說，這種事真是沒半點道理。交易也是一樣，你不能排除所有可能的情況，但是如果發生了，你都要做出適當的行為反應。你必須深謀遠慮。

我們看到體育館外的那位教練，正是將自己對於隊員失準的理解，融入這個特殊的情況。一般來說，球打到籃框就不會進球。教練告訴學生，投球一定要高過籃框。儘管學生們沒有實際投過任何一顆球，但透過強化知識，他們仍能改善自己的行為。知識和行為修正是結合在一起的。

我給你一個眾所周知的說法，這種說法在交易的過程中也很實用，那就是：三思而後行！

　　我對小交易者有信心。我們只需要指出，要拿到更好的成績，就要把球投得比籃框高一些。如果他們想成功，就必須在交易生涯中進行研究，從知識中學到行為修正。

　　未來會發生這種事：小交易者知道，他們可以比大戶更靈活，並且當他們知道如何運用這種知識時，就可以經常獲得優勢。但前提是，他們必須熟悉規則——這裡不專指我的規則，而是指他們自己面對不同情況的解讀。

· · · · ·

　　亞瑟：在行為修正這一章，你最想讓交易者記住的重點是什麼？

　　幽靈：重點有不少，但最常被人忘記或誤解的是：交易是輸家的遊戲，最厲害的輸家才是最大的贏家！

　　亞瑟：再次感謝，幽靈。你的見解是很重要的禮物，而且你不是在兜售什麼東西，或者炫耀自己的專家觀點。你期待回報嗎？

　　幽靈：每一天，我都驚訝於自己獲得的回報。今天，有位我欣賞已久的偉大編輯，他告訴別人我是他成功的原因之一。這令我汗顏，我覺得自己承擔不起這般稱讚。

　　我至今還無法指著其他人說出同樣的話，這不是出於自私。這是因為，要成為一名成功的交易者，我們必須過自己的日子，孤獨前行，獨自做出決策。這樣的情況讓人難過，而且

會持續到你真的指出誰是你成功的原因為止。當一個人有能力這麼做，那他的行為已經勝過千言萬語，這表示著他能融合他人觀點，藉此擴大自己的視野。

交易不是那樣一種行業，而幾乎全是一趟個人旅程。交易就是你和市場。我也期待自己有天能說：「對我所做的任何貢獻都應歸功於很多人。」當那天到來時，我也會挺直腰桿走路，彷彿來到天堂！但在那之前，我只能傳遞我對交易的見解。

第 9 章

找回創造力：
交易者的遊戲

隨著經驗增多，思想也變得僵化 —— 交易者需要放
鬆的學問，讓創造帶來成長，找回動機，活化交易
思維。

　　幽靈似乎對很多交易上的主題感興趣，但他在人生或職涯中，似乎沒什麼時間可以單純享受歡笑，而不被其他事情打擾。我們小時候都會度過愉快的週日下午，那時充滿了驚喜與新發現。而當長大成人，我們卻時常忽略這件事：要讓人生均衡，無非要花時間讓自己快樂，不論當前的情況如何。

　　星期日原本是交易者們愜意享受生活的時間，但自從有了電子交易和全球市場後，就難再回到舊日時光——只在週間交易，還享有週末空閒。

　　儘管如此，幽靈還是想用微笑面對這一場嚴肅的冒險。今天我的訪談清單是空白的，我希望尊重交易這一門嚴肅的行業，同時也能傳遞其中的樂趣。我們也不知道效果會如何，但一致認為這個主題很合適。幽靈分享自己身為專業交易者的經驗與智慧……他的闡釋是為了啟發你，讓你對於一切的可能，產生自己的想法。

　　有時，在處理下一個優先事項之前，可以將問題簡化為一系列「二擇一」的汰選過程。幽靈認為，隨著年齡越來越大，我們自然會變得害怕一切改變。因為我們唯一能確定的只有：事情會發生改變。因此，隨著年齡增長，我們更需要學習充分利用改變，讓改變成為優勢。在交易中甚至有過之而無不及。

　　幽靈使用百分比來說明我們如何「抗拒變化」。他指出，一個人在6至7歲時，會根據自己冒險的新發現來判斷變化；再過一年，成長的幅度會大過時間進展（12.5%），我們發現

「變化」對孩子來說是新知識的冒險，而不是給自己的設限。

　　當我們逐漸變老，例如從49歲到50歲，我們新發現生活知識的比例會縮小，可能不到2%。我們的新知識現在已經不是冒險的新領域，而是陌生情況所產生那些不安的現實。比起2%新知識，我們更適應原有的98%舊知識。我們傾向於反對新知識所帶來的任何變化，因為隨著年齡增長，人們習慣追求簡單、舒適的生活。

　　年紀越大，我們往往覺得自己做出改變的效果會變差，因為每一年新知識在整個知識所佔的比例越來越小。幽靈認為，當我們不再注意變化的時候，就等於扼殺了自己最強而有力的創造思想過程。「創造力」可以增強成就偉大事情的能力，讓我們成為偉大的交易者。

　　關於改變，幽靈認為可以找到有趣的新事物，來讓創造力大幅擴展，並為生活帶來冒險感。如果從今天開始，我們決定要變年輕，找回想法和動機上的創造力，那麼「返老還童」就不再是個令人失落的口號。

　　我們該如何克服抗拒改變，激發自己的創造性？幽靈當然不是這方面的專家，但他認為，只要能讓讀者露出笑容，就能幫助尚未找到自己解答的人重拾信心。

・・・・・

▍眼瞎的馬看不見，裝睡的人叫不醒

亞瑟：幽靈，你最喜歡的一句美國老話是「對一匹瞎馬來說，眨眼和點頭沒有差別」，這句話對你來說有什麼意義？

幽靈：我祖父是最後一代養馬、務農的人。雖然那個時代不算久遠，但對於年輕人來說已經很遙遠。那時我還小，祖父經常趕著他的馬去田裡犁地。馬兒都很溫順，我總是坐馬背上。然而，那些溫順的馬也有缺點——牠們有時很倔強固執。如果牠們不聽使喚，祖父就會說：「對於一匹瞎馬來說，眨眼和點頭沒有差別。」

於是，每次我知道自己的某個看法正確、卻無法說服其他人時，都會不自覺地想起這句話。

這用來形容交易也非常恰當。經常有一些交易者固執得像我祖父養的馬。不過就算馬兒脾氣倔強，我們還是愛牠們。這些馬和我祖父合作無間，留下了十分美好的回憶。

如果我注意到有交易者的觀點狹隘又偏執，我就會想起那句老話。我沒有別的意思，只是要告訴大家，別把思想限制在一個狹隘和固定的模式上。交易者們常常犯這種毛病。我不是要評判觀點的對錯，我的重點在於——想法不該偏頗且應該更深入。我希望能用這句話激發思考，以尋求新的知識。

亞瑟：你要小心措辭，一定會有很多交易者聽到，就馬上會以為自己錯了，然後走向另一個極端。

幽靈：是的，許多剛開始交易的人容易有這種毛病。如果股票交易員跟他確認訂單，只要多問一句：「你真的想停損嗎？」新手馬上就會喃喃自語，懷疑自己的計畫是不是有問題，最後說：「不，那我再看看吧。」

我不想負責改變交易者的想法，而只想改變他們知識、想法的視野——這是個重要聲明，尤其當我們的指標開始呈現出劇烈的變化。

有個常見的想法：「如果我錯過了這個波段怎麼辦。」那又怎樣？明天會世界末日嗎？好，總之你就是持有了一個部位，而且你是錯的！那又怎樣？如果你思考與交易的方式正確，那你本來就預期部位是錯的。只有當你不按要求正確地保護交易時，這才是一個大問題。

我希望交易者做好準備，在任何情況下都願意尋找方法並採取行動，而不是被完全說服。

▌遊戲吧！創造力帶來敏銳度

亞瑟：你說要談些有趣的東西，尋找樂趣可以激發創造性。那就讓我們回到孩童時代的週日遊戲吧。

幽靈：真不錯，你說要再次回到童年時，我想起了一些很棒的回憶。我記得每到星期日，我們家會玩一款叫做「交易圈」（Pit）的遊戲。現在應該很多人不知道這個老遊戲。我最近有

看到一副1920年代出品的紙牌，讓我回憶湧現。這是一個根據交易而設計的遊戲。既然我已經想起來了，現在可以將交易回溯至更久以前。

我不是要推銷遊戲，但我知道現在它有機會繼續賣了。也許應該說服《期貨雜誌》為了讀者弄一個自己的版本，然後做好行銷。這個遊戲非常令人興奮，至今仍是如此。最多可以拿4副牌，讓32個人一起驚叫和大笑。不論是6歲小孩還是80歲老人都會樂在其中。

透過擴增至4副牌，就可以讓我們變得很有創造性。有了創造性，想做好任何事都會很輕鬆。當我們年紀逐漸變大，這就是「成長」最需要做的事。

亞瑟：為什麼這個遊戲這麼好玩？

幽靈：「交易圈」這個遊戲相當簡單。牌面上有不同的商品名，我記得有黑麥、小麥、玉米、大麥、燕麥，還有另外兩種。我記得，每種商品有8張牌。另外還有附上一支搖鈴，類似於旅館櫃檯上那種。

如果有玩家先湊夠了同一種商品的8張牌，那就可以搖鈴宣布勝利，此時遊戲就結束了。沒玩過的新手玩家一開始都很害羞，然後說規則有點難懂。但隨著遊戲進行，害羞的玩家通常是尖叫聲最大的那個。

每一回合，玩家最多可以同時與其他3個玩家交換任意數量的卡。如果你有5張小麥，希望湊夠8張，你就應該去掉你

不需要的牌。假如你有 2 張玉米，你就喊：「兩張！」其他要交易 2 張牌的玩家就會和你交易。總之，你要把手裡沒用的牌都換掉，好湊夠 8 張一樣的商品。

沒有親自體驗一下，你絕對想不到它能有這麼大的魅力。所有玩家都投入其中，情不自禁地大喊大叫。記得有一次我們正在玩遊戲，一個朋友正好上門拜訪，他還以為有人在吵架。

「交易圈」是迄今為止最接近實際交易情緒和冒險的遊戲。我已經有幾十年沒玩了，但對於它帶給我們的快樂，現在依然記憶猶新。

如果我是代理商或雜誌社老闆，我會給它打廣告，然後打折賣給所有客戶。這個遊戲非常好玩，知道規則後幾分鐘內就能上手。每一局不超過 15 分鐘。我們還發現，這個遊戲能讓陌生人在最短的時間內打成一片。

亞瑟：你等著瞧吧！我敢說很多人都記得這個遊戲，而且願意再玩上一兩局。

幽靈：好，我們已經讓讀者有創造性了。他們可以改良遊戲與牌面，證明自己已透過創意來克服抗拒改變的心態。

亞瑟：你何不把自己的照片印在牌上，告訴大家「幽靈」是誰呢？

幽靈：我怎麼沒想到？你也很有創意。好，就這麼做，然後送給讀者一人一副。有點離題了。你認為交易者會原諒我們，然後知道在星期日找點樂子的重要嗎？

亞瑟：借用一下你的口頭禪——那又怎麼樣？我知道你是想循序漸進，然後保持互動。當你回憶並享受創造的樂趣時，我知道交易者和讀者們，也和你一樣享受這個過程。

幽靈：是的，這對我來說很重要。很少有遊戲能讓孩子玩得跟成年人一樣，而同時又讓成年人玩得跟孩子一樣。我介紹自己最印象深刻的「交易圈」，它雖然是遊戲，卻可以使你對周遭更敏銳，也能讓你不費力氣與其他人交流。亞瑟，你應該還記得這個遊戲吧？

亞瑟：記得，我還記得別的。我曾經和一位101歲的老太太一起玩「把衣夾放進牛奶瓶」的遊戲。此刻，讀者能想起多少回憶？如果101歲的老人都可以沉浸在美好回憶中，那交易者一定也可以理解樂趣的重要。這樣說得通嗎？

幽靈，我記得有位名作家說，書有時寫得越少越好。無論如何，我們肯定沒有說得太多。

幽靈：我知道那個作家是誰！但我想他的意思是，太多資料會讓讀者不知從何開始。

亞瑟：我同意。這個作家有沒有可能是幽靈？

幽靈：你別想讓我承認，你何不自己回答？但這句話確實可以找到可能的人選。你這樣問很聰明，但這個問題真的這麼重要嗎？

亞瑟：好吧，我放棄。我只是從讀者的角度來發揮創意。在寒冷的冬日或是涼爽的秋日，如果你坐在火爐旁邊享受溫

暖，還能多有創意？

幽靈：也許我會很放鬆，舒適會帶來寧靜。對交易者而言，均衡的生活很重要。交易就像進入知名的「印第500賽道」（Indy 500 track），當時速超過200公里，每一個轉彎你都必須保持警覺。

這也是瞎馬那一句老話如此重要的理由。你不須時時刻刻工作都超過100%，因為你會失去了敏銳的觀察力。坐下來靜一靜，從另外一個方面想一想，我們在做的就是這件事。

交易者發揮創造力的方法之一，不過是在星期日拿起報紙，問問自己，就能從他們才剛閱讀的故事中，延伸出更多資訊。我喜歡這麼做，因為我們很少追蹤某個問題的後續，而那正是理想的最後答案。如今，各家網路新聞即時更新，方便做更深入的研究。我們常常會閱讀到不同交易故事，但必須記住，那全都不是我們自己的觀點，而是文章作者的觀點。

我不想把討論變成一言堂，但我希望激發交易者們的觀點和想法。

亞瑟：我知道你每一章起頭都只是打個草稿，然後經過互動，利用相應的回饋來完成。你提出想法，並彙集許多人的意見；你也搜集到許多問題，然後一一回答，從而使讀者受益。

幽靈：這就是為什麼我希望在討論之前，能先淺談一下，接著針對已經提出或將要提出的問題，篩選出答案的範圍。在我們把車子轉向之前，還有許多題目沒有起頭呢。

亞瑟：我最近讀到一篇關於勵志演說家的文章。你覺得分享想法是為了做這件事嗎？

幽靈：完全不是！誰會願意用別人對於成功的直覺，來替換自己的？你必須有自己的思維和想法。既然不可能成為別人，那為什麼要完全被其他人影響，最後忘記最適合自己的東西？勵志演說家自有其重要性，被激勵很重要，但大部分人忘記了一種事實：你才是那個激勵自己的人。那個人也只能是你自己。你必須自己交易，而不是聽命行事。

▎找到信念，堅持下去

幽靈：我希望說出一些交易者本來不太清楚的知識，讓他們用自己的想法和思維去解釋。實際上，正是這種多樣性構成了市場。在交易中，我們根據自己現有的知識做出假設，運用理論來證明或推翻自己的假設。我盡量不讓交易者覺得自己有優勢，因為其實這種優勢並不存在。然而，我也不希望交易者認為在這困難重重的遊戲中，自己絕無成功的可能。

我的經驗和智慧來自於交易生涯的親身經驗，而不是別人的想法。我讀國中時，我和全班同學要從兩個題目中任挑一個來寫。第一個是「衣裝無法讓人成功」，第二個是「衣裝可以讓人成功」。我挑了第二個，結果得到前所未見的低分。

老師其實有偏見，他認定衣裝不能讓人成功。我選擇了一

個我認為很難論證的題目，但我做了很好的推理，而且我至今都還認為我寫出班上最好的一篇。老師因為先入為主，認為選第二個題目的人一定有問題。每一次我想起這件事，都會想起那一句老話：「對於一匹瞎馬而言，眨眼和點頭沒有差別。」

　　我在人生中，已經證明了當初那個論點是正確的，而且這一個故事也是我成功的部分。你看，人必須有些信念，然後堅持下去，不論最後被證明或推翻。多年來，我的理論獲得驗證。衣裝能讓人成功的概念，塑造了我的性格與堅定信念。我相信自己有一天能在現實生活中證明自己正確，而非只是紙上談兵。我的意思不是此理論能套用到全班同學，但老師確實沒思考到我的情況。

　　亞瑟：你如何用事實證明你自己正確？

　　幽靈：我設想，人的感覺會影響他對周遭環境做出的行動與反應。我的主要論點就是，穿著入時且得體的人，會對自己產生不同於其他人的感覺，他們的自我感覺一定不同於在重要場合穿運動短褲的那些人。關鍵在於「重要場合」。你能想像自己穿短褲參加葬禮嗎？你會有什麼感覺？如果你穿著得體的話，你的行為和反應難道不會與你的感覺一致嗎？毫無疑問，一定會。

　　而我的事實依據與當初那一篇差不多。我認為，注意衣裝的人與知識淵博的交易者，在感覺上其實有所相通。在交易圈中那些知識豐富的人（也穿著得體），我感覺他們在交易上更

有自信。在會議或其他重要場合穿著得體，讓我更有自信，辦事也更有效率。說實話，雖然不論穿什麼，我還是我，但如果我在交易前沒有做好知識的準備，我就不是原來的我了。

　　我希望交易者會對此印象深刻。如果你沒有正確的知識，沒有根據市場帶給你的不同情況修正行為，你就像一個穿短褲去參加葬禮的人。這種情況會讓你感覺如何？這時你絕對不會說：「衣裝無法成就一個人！」你會深刻地發現，做好充分準備，與無論何時都穿著得體有著極為相似之處。

　　亞瑟：那麼，你有想過要回去找那位老師理論嗎？

　　幽靈：我想我沒有那麼聰明，我當時還小，甚至連「找人理論」是什麼都不知道。我眼中充滿了希望，而且至今依然如此。憤怒、貪婪、恐懼或是懊悔，都只是在浪費時間，是沒有生產力的表現。

　　亞瑟：那麼「希望」呢？

　　幽靈：希望與愛，在我的生命中佔據了重要地位。希望，必須與計畫和行動結合起來。愛，就是我對自己已經付出或願意付出的體現。

第 10 章

零偏誤：
對抗交易情緒

心態致富！成功的交易者不會因為情緒而持倉，他們看見的是場上的鏡像，而不被貪婪與恐懼蒙蔽雙眼。

　　通常在任何市場中剛開始交易時，新手都會用最樂觀的態度，以及懷抱希望的人性特質，來進行所謂的正確交易。或許正是這種對正確交易的渴求，使新手在處理大部分無法如己所願的狀況時，容易迷失方向。有沒有可能是交易者本來就更容易犯錯？又或者是交易者在進行交易時，要過兩分鐘才會出現其他一切資訊？

　　我們將探索幽靈的洞見，看看他對這件事的想法——即為什麼我們在新部位建立之後，總是覺得一切快速生變？為什麼市場似乎每一次都知道我們會在何時建立新部位？怎樣才能趕走這種想法，對自己新建的部位做出正確反應？

　　在某一個時間點，你是否曾感覺其他交易者都在和你對著幹？為什麼剛才還給你中肯意見的朋友，在你建倉之後就站到另一邊，變成新對頭？大家也會這樣嗎？

　　我們總是做自己覺得對的事，然後被現實多次打臉，如果我們開始反其道而行，是否就有可能獲得好結局？這一章要談的是情緒因素，在研究部位或持倉起點時，似乎沒人會被情緒影響。一旦部位建立，情緒就變成了我們不想去處理的因素。當部位一如預期發生價格變動時，我們會開始興奮。交易者經常會沾沾自喜，而完全忽略了原本得來不易的深入研究。

· · · · ·

▍交易者的成長：不讓情緒占有位置

亞瑟：幽靈，你說你不是萬事通，只是精熟於你自己的交易而已。我知道我們談的只是你個人的獨到見解。但你曾說，交易者的成長至關重要——他們要能透過觀察和研究，發展出自己的一套想法。

有時了解其他人的觀點對交易也會有幫助。我們知道，每個人對特定市場的方向都有自己的觀點。你也覺得參考其他觀點，藉此了解我們自己的行為，是一個很重要的途徑嗎？

幽靈：我讀過一些很棒的書，探討交易中的「成人—孩童理論」。我們成長時就像是兒童，但許多交易者永遠都無法超越兒童時期。我們的思維必須進入成人期，方法是去了解、熟知正確的知識。做為孩子，我們不需要知道理由，只需有規則遵循即可；但做為成人，我們要能有效率地進行交易，不僅要知道規則，還要知道規則形成的緣由，這相當重要。

除非你傳達資訊的對象，也持有相同的部位，而且面對了相同的情境，否則難以讓另一個人知道自己建倉後的看法。

舉個簡單的例子就能清楚說明，像是換輪胎這種事。如果輪胎沒氣、要去車廠換一顆的人不是你，那麼沮喪情緒對你與當事人的影響會截然不同。你會對這個事件的重要感受比較疏離。從特定的觀點來看，交易也會產生這種疏離感。

大多數交易者在操作前，都經過充分研究，有很好的行為

基礎。如果感覺不會成功，那就不會下單交易。也因此，「覺得自己表現超過平均」是一種自我欺騙，只憑那種感覺行事，交易者很可能因為起步錯誤，而錯失大波段。

　　對於建倉的本質，我的看法與他人有些不同，我認為這是成功交易的關鍵。在交易上，要找到正面觀點之外的想法並不符合人類本性。我們必須想辦法讓正面觀點的考量範圍，超越初始的持有部位。

　　新建部位的交易者必須知道，初始建倉只是交易整體中很小的一部分。每次你發現一個訊號，都要把它看成只是一系列交易的一部分。你要很清楚達到目標的方法。與剛建立的部位相比，你的目標才是最重要的。

　　如果我告訴你，你進入市場的訊號有個標準，那就是你必須快速保護並出清那個部位，那麼你能夠來回調整部位三、四次嗎？假如你能提醒自己，市場總是有可能推翻自己初始持倉，那你就比較可能做到。這種思維能讓你更容易調整部位，也是每次建倉時必須做的。你要記住，最早建立的部位只是整個交易的起點。

　　你不該因為情緒而持倉，反之，你必須知道為何情緒消長不能成為持倉的理由。藉由平倉，你甚至能在情緒進入交易之前就停止持有。你可以一次次正確建倉，直到你對該倉位沒有任何情緒波動。如果你持有的部位引發情緒，那麼它通常不正確，或者是方向錯誤。

　　一般而言，市場一開始都不會順著你的部位方向，但你不能說你做錯了。你建立的部位常常也是別人認為的好部位，所以別因此沮喪，因為很多人與你想法一致。你不可能每一次都在正確時機做出正確判斷。

　　如果你知道自己眼明手快，這就是你的優勢。你可以迅速平倉，因為你知道自己能在短時間內重新建倉。一個部位如果有問題，就是你做出正確動作的大好時機。你要不斷做出正確行動。要快！就能馬上停止在錯誤的地方進場這種情緒性操作，讓快速平倉成為你的第二天性。

　　如果你一建倉就發現自己錯了，那你要馬上平倉，因為這必然沒錯。（除去那個部位！）我為什麼知道這樣沒錯呢？因為我做過最好的交易，都是從一個錯誤的建倉開始。理解現有的錯誤部位，是獲得一個好部位的最佳理由。

　　這樣一來，一錯再錯又有什麼大不了的？犯錯的好處就是，藉由除去那個錯誤部位，你將會做出正確的事。當你錯誤時，要傾聽內心的聲音。當情緒成為交易的部分因素，你就要平倉。這真的有效。情緒在交易中不該占有一席之地。如果你喜歡意氣用事，一定建立錯誤部位。

▍情緒干擾下的行為修正

　　亞瑟：說起來不太難。不過，當你情緒波動時，要怎樣才

能排除這種干擾？

　　幽靈：你必須把交易變成一件很機械化的事。有很多種方法可以做到。大部分新手沒有足夠資金，適當地多樣化投資以分散風險，於是就同時建立幾個部位，從而獲得能夠汰弱存強的機會，以此來降低整體的風險。

　　還有許多方法也可以處理因為情緒而建立的部位，例如規則 1。如果一個部位獲得驗證，你就不會像它被證明錯誤時那樣情緒化。你需要聆聽內心的想法，以及負面情緒所傳達的訊息：要告訴你持有錯誤部位的，是你自己，而不是市場。你的負面情緒告訴你，你應該立刻平倉。別懷疑，就讓這個動作成為你機械化反應系統的一部分。

　　規則 1 的目的，是讓你傾聽你自己，而不是讓市場告訴你你做錯了。如果你讓市場來做這件事，你會更沮喪，判斷力也會因此受影響，結果無法正確地做出平倉決定。既然不能讓市場來告訴我們犯錯，而是要等待市場驗證部位的正確性；那麼當我們錯誤時，就必須有個訊號讓我們知道自己錯了。你認為是什麼？沒有什麼比亢奮情緒更適合做為平倉訊號了。

　　我知道這需要不斷練習，也要具備行為修正的方法。因此你得要設計出一套方式，在有情緒升溫徵兆的時候提供幫助為你自己服務。經過一番練習之後，你可以做到，並且養成習慣。這就像是每天都跟一個陌生人打招呼，經過一段時間後，你會自然而然養成了習慣。

亞瑟：你要不要提供一些方法或建議，幫助我們在清除錯誤部位時，也做好行為修正？

幽靈：如果你熱到不得不解開襯衫最上面的鈕扣，那你最好平倉；如果電話鈴聲讓你心煩意亂，那你最好平倉；如果你已經超過了合理的時間，還持有沒被證明正確的部位，那你也最好平倉。

我們知道俗話說：「即使是壞掉的時鐘，一天也是會準個兩次。」你可以假設，當你不知道持有部位是否正確，你可以反向持倉，正如你也不知道這樣好不好。但你將會很快知道哪一個方向才是對的。當然，這個假設並不是很好，比起其他的方法，用這種方式時你要全神貫注。

這也可能很危險，但不論你相信與否，我就有看過當沖交易者在趨勢尚未建立時，使用這種方法建立部位。我個人不建議這種作法，但如果你是想研究沒有明顯趨勢的市場而如此操作，我倒也不反對。有的時候，你最好的機會來自於一開始持有的錯誤部位。機會在於：你去除了錯誤的部位，並且從這個過程中獲利。如果察覺了這種思路，那麼這種事情就會時常發生。

面對市場上的各種可能性，我只能提醒你：動作要快。意外總是發生在你持有部位的反方向。當我們發現部位是錯誤的，我們並不會因為預期的一面，而放棄了原先意料外的那一面。然而，在持有部位無誤地被市場證明後，我們永遠不會與

之對做。

．．．．．

亞瑟：你會不會覺得，比起建立正確部位，我們更容易建立錯誤部位？

幽靈：其實，一般是我們的部位沒得到驗證，但這並不表示我們更容易建立錯誤的部位。還有另一個因素，讓我們在剛建倉時，感覺市場老是在跟自己做對。就是時間，時間總是欺騙我們。經驗不足的交易者不會意識到，在移除部位之後，持續地重建部位的重要性。我們不過是除去了一個未經證實的部位，但不代表我們的持倉錯誤。目的在於，當部位未被證明正確時，讓損失最小化，並且找到一個更佳的進場點。

如果部位不按照預期走勢發展，那就立刻平倉，這樣是不是更好？當市場對你有利時，行動必須迅速；但當市場不利時，你會希望自己的曝險程度最小。我知道大多數市場中，上升比下降的時候要多，而且比起熊市，你在牛市的曝險會更久。但如果市場搖擺不定，你為何要在場中徘徊？你該充分利用市場的波動讓持倉更好，成本更低。

亞瑟：只要部位建立，我們似乎只會聽見對部位不利的負面消息，為什麼會這樣？

幽靈：我們會在建倉之後更加注意資訊，資訊使我們更敏感，於是懷疑持有的部位。如果市場沒有確認部位正確，解決

方案當然就是——平倉。如果發現消息不利，我們當然會自我懷疑，但部位從來就沒有被證明為正確。這只是市場發出的另一種訊號，也就是規則 1 必須優先於其他規則，以避免感情用事。藉此，你可以客觀面對任何新聞，而不直接影響思維。

亞瑟：為什麼市場似乎總是知道我們何時建倉？

幽靈：不難理解。我認為所有交易者多少都會這樣想，直到走向成熟。那時他們更能體會市場如何對大量指令做出反應，於是改變這種錯覺。

價格變動會讓其他交易者決定建立部位。我們更容易選擇明顯的訊號建倉，這些建倉點同時是其他人建倉之處。也因此，市場看起來像是立即對我們做出反應。其他人也會漸漸有這種感覺。除非我們對部位反應不當，否則這種情況並不壞。市場走勢十分接近你的建倉——這種事情發生的頻率遠比你想像得高。在交易過程中，無論何時都要對此保持警戒。如果想在交易圈內長久生存，你就必須做好應對。

為了消除上述的錯覺，你一定要知道，最重要的時間點就在剛建立部位時。那時你必須用最快的行動保護部位。我認為，這也是持有部位最危險的時候，因為你還不知道部位正確與否。最危險的理由？我的答案是，如果你的部位尚未被證明正確，這就是讓損失最小化的唯一機會。

想控制損失就要眼明手快，抓住機會，先下手為強，否則損失會擴大。到時影響的不只是利潤，還有你的思維。所以，

我把建倉當做最危險的時刻。這是你第一個降低損失的機會，也是最好的機會。在建倉時你立即做出的反應，決定了你是否能成為「厲害的輸家」，也決定你能否變成優秀的贏家。

　　亞瑟：我常聽到一種說法——交易者實際操作時應該與腦中想法相反，這樣績效會更好。你怎麼看？

　　幽靈：我也聽過。在我交易早期，我老爸還覺得這是個好策略。它確實有優勢，但不要誤用！優勢在於，你有一個根據他人想法而採取行動的計畫。當你的部位還沒被驗證，那這個計畫應該要假設你是錯的，而且準備好進行反向操作。這更適合用在沒有明顯趨勢的市場中。

　　比如說，你知道即將公布一個重大新聞，或是你已經從一份重要報告看到資訊。你可能會認為那些因素其實已經在場內傳開了，但你又無法確定實情。一般情況下，大多數交易者會根據消息來交易，只要在發現錯誤時立即平倉就好。所以在某種程度上，反向操作是正確做法，而你之所以這麼做，是因為那份報告讓你一開始做錯了。面對公布報告這種大事件，必須要讓自己能夠充分利用各種方面的訊息。

　　所以我們必須承認，那種說法在某種程度上有其道理：你一開始建立的部位錯了，你仍然可以反向操作。這難道不是反向操作你一開始所想的？當然是！只不過講得比較迂迴。

▎一天半理論：他人的情緒是你的資本

亞瑟：還有另一個最近討論熱烈的問題。假如在新聞頻道上，記者採訪了某位專家，他說了 些火上澆油的評論。那麼，有些交易者的操作與那位專家的見解相反，於是就覺得專家是敵人，居然講出這種評論。這樣思考合適嗎？這會不會對交易者個人產生毀滅性的影響？

幽靈：確實，我們常看到專家說話，也馬上會那樣思考，因為交易者對於與自己部位相反的評論格外敏感。我的觀點是，只要你不意氣用事，敏感一些也無妨。但在暴跌或狂漲時，不摻雜任何個人情緒是很困難的──你幾乎無法忽視情緒。

這些言論的真正考驗，其實是市場的反應。這麼多年來，我發現市場確實會對類似評論做出反應。但關鍵在於，你看到的反應不會只有一種。如果你對市場反應的動作夠快，就可以利用它來賺錢。我們都必須要快速利用這些變化，來持倉且獲取利潤。

為什麼你通常會有不只一個市場反應？場內交易員可能第一個看到評論，甚至最早得到報告資料。他們的反應會是職業級的，並根據自己的理解來建倉。剛開始時交易員們的反應可能不一致，但很快會形成某種節奏，而你會在早期發現某種價格趨勢。這通常是你第一輪買入或賣出。

緊接著進入交易所的單子，來自於剛得到消息的交易者，

這是你會看到的第二波反應。第三輪行情是業餘投資者（大眾）造成的，他們從自己的經紀人得到消息。這一波通常最強勢，因為他們下的單進到交易所時，利空消息還沒有現身的跡象。這個過程可以解釋，為什麼市場有時死氣沉沉，有時又會熱鬧地出現新高或新低。

這三波行情過去之後，還會有些跟在後面的零星下單，因為有一些人在收盤後從電視、廣播或報紙上得到消息。整個過程大概要持續一天半，我稱之為「一天半理論」。對重大新聞的反應在持續一天之後，市場常常會進入一個平靜期。

你問題的第二個部分其實是：對消息太過情緒化是否會導致災難性後果？我想，不過你要意識到消息中蘊含的機會——你可以把別人對消息的情緒，轉變為自己的資本。當然，這種過程通常要花上幾天。

這種過程可以改變持續的趨勢、反轉趨勢、打破無趨勢或日間交易的情況，並使某些交易者的訊號無效。要對此保持警覺，這攸關於保護部位。你很多時都都可以用這個知識來降低建倉成本。

正確利用消息，你可以改善建倉成本。例如，你可以將利潤的一半分出來，依據訂單湧至的不同波段，重新再建立部位。又或許你可以利用這個消息，以一個交易區間建倉，這麼做的持倉成本會好過一次性建倉。換句話說，由於預期的操作區間更大，你將有機會進行規模交易。

　　注意，上述操作都要在你的交易計畫中推演過。你本來就該做好準備，當這些事件發生時，就能在過程中執行計畫。然而，多數交易系統都沒有考慮到這一點。這些意外事件之所以時常發生，就是出於你認為「火上澆油」的過程。

　　這有點像是你看到有人在火爐旁堆柴火一樣。只要匯集了足夠的額外訊息，你幾乎可以確定將要發生的事。如果很冷，你可以憑你獲得的資訊斷言：火爐裡將會點火。

　　不過，劇烈轉折時出現的新消息也是一樣。你前面是柴火，而你在等待溫度下降。你當然不會用水槍把火弄熄。即使你不喜歡火爐，還是可以享受舒適的溫度。交易也是一樣，即使不喜歡這個牴觸你部位的消息，你一樣可以利用消息帶來的市場熱潮。如果獲得了意外資訊，不要拘泥於自己原先的思路——不論資訊是來自基本面、技術面或戰略面（我總稱為混和面）。

· · · · ·

　　亞瑟：我們似乎回到了同一件事。成功交易的必要條件是：蒐集資訊和行為修正。這難道不是每一個人在交易中的核心嗎？

　　幽靈：你要知道，我說不準。我只知道這是我幾十年交易的經驗。如果這還不是大部分專家的核心，我想也馬上就會是了。有些人讀了這一章，會對成功交易有更深入的洞見。由於

我們的提醒，他們更能意識到自己的盲點。我不是用自己的觀點來排斥其他成功的模式，我只是想提升讀者成功的機率。

亞瑟： 我猜有人會批評你的觀點。

幽靈： 我不覺得。儘管我曾經在市場中犯過很多錯，但我還是不覺得。這就像路線的二擇一，除非你兩條都走過，否則你不能認為你做了錯誤選擇。交易也是如此。我一路上提出看法。正因為我兩條路都走過，所以知道哪一條路更好走。我給了交易者機會去拓展眼界。而不是替他們的交易系統、準則強加修正思維。

身為批判家，就要能從各個角度審視事物。甚至照鏡子的時候，也要看見與旁人眼中不同的自己。想成為一個好的批判家，必須能看見其他人眼中的景象。你不能排除景象的背面（鏡像）也可能正確。

亞瑟： 那是你對自己規則的看法嗎，是個鏡像？

幽靈： 很有趣的說法。相對於其他人所見，我想你可以把規則1稱之為鏡像，因為它正好與多數人對交易準則的要件相反。

我們確實讓市場證明我們是正確的，而非讓市場來證明我們錯誤，這與一般思維截然不同。我們確實假設自己是錯誤的，而且處於一個不利的遊戲當中，直到被證明正確為止。這就是一個鏡像。在規則2中，我們對優勢部位加碼以賺取更多利潤，這與一般思維也是相反的。

是的，我想你可以透過照鏡子輕鬆理解，為什麼其他人看到的不會跟你一樣。你看到的是與現實相反的鏡像。有時候，與眾不同的觀點相當重要。我在交易經驗中體會了這一點——除了你自己的觀點，不需要遵循其他任何人的意見。千萬不要忘記！用你自己的能力改善你的交易行為。

第 11 章

絕處逢生：
重創之後的計畫

交易是輸家的遊戲，一旦遭遇巨大虧損，我們如何
找回信心，帶著寶貴經驗留在場上？幽靈告訴你：
重創不是結束，是開始。

亞瑟：你是不是把最高的智慧留在了最後一章？（這一章原本是《華爾街幽靈的禮物》尾聲。但由於讀者提出太多回饋和問題，所以幽靈又增加了後幾章。）

幽靈：我下面要說的，是你們在整個交易生涯中最準確、最有價值的資訊。你當然可以說這是最高的智慧。如果這不是你們讀過的書裡最好的一部分，那我就把這些東西丟進垃圾筒。

交易世界中有許多偉大的交易者、作家、顧問，以及偉大的編輯、記者和老師。儘管享有盛名，但他們對自己的名氣都能做到泰然處之。我做不到，我無法承受那種聲譽，我認為是一種負擔。大人物處理這種事都是得心應手，像我朋友約翰·丹佛、丹·吉布森、歐普拉還有我弟弟，他們都知道怎麼輕鬆背負如此沉重的名聲。

在交易上，我自己永遠比其他人都重要。我為了清除成功之路的妨礙，必須採取這種方式。這並不自私，而是我們先要學會的東西。你瞧，交易必須是你生命中最重要的事，因為只有如此，你才能成為能力所及最優秀的交易者。

你必須勇於承認錯誤與責難。但請務必聽進我的話！你不能在交易中迷失自我，錯以為你的成功完全是靠自己。

亞瑟，這一路上你給了很多提示。我可以告訴你，我對交易新手的信心不是無中生有。當我讀到你兄弟哈樂德·辛普森寫的悼文（參見附錄3）時，我認為一切的原因就藏在他的文字裡：「我因為某種原因注定出現嗎？難道這一刻只是我的

想像，讓我以為自己順勢而為，又或者我該成為這一切的一部分？」

我可以從經驗中的事實歸納出規則，我肯定，我們兩個在討論中也會受益，得到的將比付出的還多。你知道在丹佛去世的兩週內，我收到多少關心與郵件嗎？我相信你也看到了。

我數了數收到的信件，簡直可以編成過一千頁的書，書裡凝聚了不是我們的見解，而是論壇中眾多朋友的智慧。我們都曾經「覺得孤單覺得冷」，但獨自探索是交易的本質，交易的世界非常孤單。

▍開場的結束不是結束

幽靈：論壇上的一切令人大開眼界、敞開心扉。我們邁出了一大步，充分領略到當今社會思想的更新速度有多麼迅速。我相信，由於溝通也更為快速，現今市場也會因此有迅速變化，而我們的規則也就更符合時代需要。

不知為何，我不再說這是「我」的規則，我覺得這應該是小額交易者們的規則了。我甘願這樣匿名，也不介意是否有損失，因為我認為自己無暇處理出名的重擔。我最近才體會到眼淚真正的滋味。我曾受到諄諄教誨、嚴厲的責備、以及智慧指引，帶領我走向截然不同的人生道路。這一切自有道理，我感謝論壇上的新老師們。

　　你們必須接受我由衷的感謝，因為你們真的理解我在交易中的脆弱和孤獨。只有交易者才能理解那種黑暗。我原以為我隻身一人，現在卻發現這一條路上灑落如此溫暖的燈光，各個來自於我新結識的交易者朋友。他們一直與我同行，並且在必要時巧妙運用智慧指引，我們才能繼續前行。

　　我很高興收到一位讀者從新英格蘭寄來的莎士比亞舊書。從不同國家的朋友接受到的建議也讓我受益匪淺。我還順便溫習了美國各州的郵遞區號。我在三十年前絕對想不到的一堂課是：一種想法與感受居然能如此迅速的傳遞到世上每一角落。這對我來說衝擊很大。

　　邱吉爾曾說：「現在不是結束，結束甚至還沒開始。但現在可能是序幕的結束。」我們將會接受一切。新局已然展開！隊伍會越來越強大。有更多志同道合的人，我不會走在人群裡卻感覺孤身一人。

　　有些人還是想看見面具之後的我，這問題相當棘手。我只能請求大家理解——理解我為何不想，或者說，我為何不能承受隨之而來的名聲。對於哈樂德提出的問題，我的答案是：沒錯，我注定要在此出現，但我不知道自己為何被挑選出來。當局者迷，只有旁人才能告訴我為什麼我在這裡。我傾聽他們！他們讓我得到純粹的喜悅，並讓我對他們表示感謝。他們比我更了解我人生需要什麼。

　　交易者都很勇敢，但看看我，亞瑟！你覺得我的作風像是

勇者，或那些搞金融的行家嗎？不是，我只是布偶，一個非常
單純的人，處在我自己這個複雜的世界裡。

我不會再說哈樂德的那個問題了。我接受天命，我確實就
該在這裡，我有責任做出回應，把能力所及的都奉獻出來，以
滿足內心或是老闆們——我們的老闆就是讀者，還有論壇上的
分享者，以及各行各業給過我們啟迪和指導的人。我們已經掌
握行為修正的關鍵，而且從現在開始把它設為生活標準。

只需要發問，你就會得到答案。但你必須獨立思考，才能
有適當的理論。仔細思考，你將能改變命運。我已經走過同樣
的路，我的責任是在旁邊看著你，避免你跌倒。我不會在前面
引領，也不會在後面跟隨，我只是伴你同行，如果我知道你將
成長，成為你自己期盼成為的領袖人物，我會倍感欣慰。

我會告訴饑餓的人怎麼得到米飯，而不是如何吃飯，我會
從播種教起，讓他們知道富足之中的努力有多麼重要。我的交
易者們飽受飢餓之苦，他們是我的小幽靈，生活在這個巨人橫
行的動盪世界。我的幽靈們應該成為交易世界中的領導者——
不是因為我，是因為他們自己的努力。他們被挑選出來領導新
的金融世界。在周而復始的輪迴中，新的世界很快就會浮現。
小幽靈在生活中將學會交易的微笑。你還能期待他們更多嗎！

亞瑟，希望你老婆不會因為我一直踩到她的貓而生氣。我
有幸能遇見你，以及曾幫助我們走出一段傷痛的交易者們。我
知道總有一天，你們家後面的小山丘一定會出名的。我希望你

兄弟哈樂德給它取個新名字。記住，那不是你的山丘。只有你
走過的路才屬於你。這與交易是同樣道理。成功不屬於我們，
而屬於他們。好老師的學生一定會青出於藍而勝於藍。

・・・・・

　　我問過阿爾弗雷德是否可以使用他的文章，來傳達更多我
的想法。我很驚訝，有些人似乎比我更知道接下來該如何。我
們稍後會看看他的文章。

　　你可以原諒我有點離題嗎？

　　亞瑟：我和交易者都很清楚你的出身，也明白獨自前行
的重要。我知道你對我們掏心掏肺。我知道你對於讚美非常謙
遜。在交易中，你總是為任何可能性做好準備。你也從不認為
自己是某個領域的專家。

　　我知道你是天才，也知道天分有時會剝奪那些一般人習以
為常的平凡快樂。正如你目前所說的：不斷快速地進入人生的
下一階段，是正確的行動。對於未知的抵抗就是超越。你和其
他交易者沒什麼不同，只不過是你對生活的觀點不同，事件的
發生與你對事件的反應讓你走到今天的位置。你生來就超乎常
人，但你並不接受任何加諸於你的聲望和榮譽，這是回饋的時
刻！

　　我們等等再討論這一章的主題如何？我們現在要告訴大
家，幽靈只是一個普普通通的人。從內心到外表，你和普通的

交易者沒有兩樣。正如你所說，你或許只是比別人看得更清楚。你是敏銳的觀察者，可以看到沙子裡的線，同時也有足夠耐心等別人看到那一條線。最終其他人將會看見，因為你只要指出沙子裡真的有那一條線就可以了。

幽靈，我這麼說，並不因為我們是老朋友。事實就是如此。你是燈塔裡的燈，燈光能指引未來和現在，讓專家與剛入行的交易者一同受益，其範圍遍及美國，甚至全世界。你是他們的英雄，因為你敢致力於成就大人物。而且你就是大人物。

幽靈，真實的你非常純樸，這也是你一直希望的！繼續保持！

▍信念最終會改變生活

幽靈：你透露的，比我自己說的還多。我必須把這想成是無意的善舉！感謝做的一切。讓我們稍微調整一下角色，讓讀者對你了解更多。

我知道你熱愛音樂，還知道你在 1960 年代第一次去納什維爾（Nashville），以及你與佛洛德‧克萊默德（Floyd Cramer）合作的歌曲。我知道你第一首歌沒有特別成功，我猜交易比較適合你。不過，也許你應該回到那個初戀？總之，你覺得生命中什麼東西最重要？

亞瑟：我兄弟是歌手，音樂是我們生命的一部分。有趣的

是，只要你膽子夠大想成為大人物，這種念頭最終會改變你的生活。交易者也是一樣。聽仔細！你們要敢於追求心中理想！幽靈知道你們可能成功，他的禮物也正是如此。走到某一處，你會察覺到他人的感謝。

你對小交易者的信念讓我印象深刻。今天我在CNN的節目上，看到一位專家說了同樣的話，他說小交易者才能真正領導方向。千真萬確，這句話已經被記錄在案。幽靈，假如你沒說錯，那小交易者可以讓自己的生活大不相同。在描述你的看法時，我用的詞語可是「信念」而非「希望」。

幽靈：我們知道自己前進的方向，如果我們也能跟大家一樣成為真實的人，那又何妨。我第一次感覺視野開闊起來，這真是一次衝擊。我甚至不在乎明天的部位了。

亞瑟：我看你也沒在乎過。這就是你之所以是你的原因。如果其他交易者讀過你的書、理解你的意思，事情就變得非常簡單，只要記住你的規則接著照做就是了，不必多想，**只管照做**！正如你所說，你對失敗的處理才是你成功的關鍵。

順帶一提，我們現在聽的音樂是佛洛德的〈失敗者－哭泣者〉（*Losers Weepers*），你認為這首歌有什麼啟發？

幽靈：當然，別讓情緒影響你。如果你在交易中做對了，也永遠不要喜極而泣。這很不錯，你不覺得嗎？

亞瑟：已經中午12:15，明天就是週五了。我知道你手中有一些很重要的部位。從這開車到芝加哥可不近！你對明天的

交易有什麼盤算？

幽靈：一如往常。我會在下跌趨勢反彈時賣出更多玉米，在我錯誤時平倉。那是明天早上9:30我會做的事。很幸運，我今天在收盤時平倉。今天開盤時盤勢向下，後來又轉折向上。我喜歡這種盤。明天我們有更多機會，你說呢？

亞瑟：你為什麼明天不休息一天呢？

幽靈：好吧，那我會在開盤時平倉，或者我們可以在明天開盤前，用夜盤交易平倉。

亞瑟：如果今晚平倉，你覺得玉米價格可能走多遠呢？

幽靈：你根本不想知道。至少我還在正確的這一邊，看到市場賣壓這麼沉重就知道，我太清楚了。先不管它，我想我們可以週末再回到山頂上。

我發現，現在播放的就是你1960年代寫的那首。你把它賣得非常便宜，你不覺得失落嗎？

亞瑟：你不知道那首歌我賣了多少，那可是當時賣到的最高價了。我擁有最美好的回憶，如此美妙的回憶並不多，我猜你也是。

幽靈：我的經歷就相對簡單了。我的回憶和交易者——我們的小幽靈沒什麼不同。我希望他們比孩子們長得更快。我不想當旁觀者，而是希望自己也在場上，可以不時傳球過去。

亞瑟：幽靈，離題太遠的話恐怕要從書本裡刪除，今天先到此為止。

幽靈：好吧，別在這失血太多。我們會重新開始。我希望回家之前，你今晚幫我做件事。把這一章放到論壇去，讓其他交易者知道我是他們的一員。我沒什麼不同，只不過部位大了一點。

亞瑟：好的，你又贏了。你回家前我不會睡覺的。為了我們交易的真正內容，回頭見！

幽靈：我現在要去大快朵頤一番，留你在這裡餓肚子。我要先去塔霍湖去吃塊上好的牛排，再會。

亞瑟：我們很快就會回來談這個題目！

· · · · ·

沒過多久，我們就在論壇上收到阿爾弗雷德這位交易者的迴響：

　　我認為自己是個一般水準的西洋棋愛好者，不過我還是很喜歡這個遊戲。初學者全都知道，他們必須徹底執行一些基本原則，才可能與更厲害的棋手打成平局，否則結局只會是被將死。

　　第一、開局是最重要的。你必須同時防守有度並積極出擊，思考如何讓你的棋子前進10到12步。有時在前5步或6步就已經贏了。（幽靈的規則1？）

　　第二、接下來是鞏固戰線。你要運用你的騎士、主教和

城堡來保衛國王。你要做好準備，才可以讓你稍後展開有效的進攻。你要仔細研究對手弱點，盡量使對方疲憊。（幽靈的規則 2……有贏面時加碼？）

第三、如果可能的話，展開最後的進攻，將死對手。如果對手很強大，那就盡量打成平手。（幽靈還欠我們的規則 3——關於何時套現，落袋為安？）

不論地點是海陸空、棋盤或是交易所上，戰爭就是戰爭。我做的比喻是否恰當？

有沒有西洋棋的愛好者可以糾正／加強我的論述？

祝交易順利！

亞瑟：幽靈，我覺得阿爾弗雷德說得真好！你下過西洋棋嗎？

幽靈：我年輕時對自己的棋藝很自負，不過現在我老了，而且我覺得自己沒有足夠的時間來下棋。我應該多下棋來放鬆，但現在真是俗事纏身。

亞瑟：將來會有機會的。不過現在我們要討論「如何在遭遇挫折後找回信心」。我們為什麼要討論這個？

幽靈：首先，論壇上有位交易者提出這個好問題，我希望能夠回答。其次，如果交易者沒有遇到同樣情況，他們根本不會讀到這方面的知識。

▌重回戰場的勇氣

幽靈：挫折其實常發生。我不會評斷交易者為什麼會有重大挫折，畢竟這總是會在某個時刻到來，使人不再交易。我接下來將探討大幅虧損背後的原因，例如有位交易者連續看錯15次。他為何有巨幅虧損？我無意從性格上探究。我希望你也能從現在開始，忘掉你不幸的原因。

亞瑟：你我都知道，持有錯誤部位的時間太長，就是造成巨大虧損的主要原因！你怎麼說得這麼客氣？

幽靈：確實如此。這是本書最重要的一部分，也是我們在本章溝通的目的之一。我們回溯失敗有兩個目的，一是要從過去經驗中吸取教訓，二是因為這種情況太多，必須弄清楚原因。

我們將會復原，我會告訴失敗之後如何彌補。我堅持不給你們非常具體的交易計畫，或我交易計畫裡的具體訊號，但我會指出一條可行的道路。

為了讓你們少走點冤枉路，我將說出一個很好的建議，讓你從挫折中恢復。我希望你們自己做點研究，而且必須要真正理解才能付諸行動。最後，做決定的還是你自己。所以務必先確認你的資料，因為在你的交易計畫中，資料會提供一些有用資訊。

一、心態調整：
假設自己有15個獲利部位

幽靈：重新開始交易時，我們要確定自己還有足夠資金。如果你沒有，那你就應該推遲進行。注意，我不是叫你退出交易！當然，我們可能會因為某些原因退出交易，但這一次不是這樣。好吧，我們現在開始。假設你已經有足夠資金，可以使你從過去的失敗中恢復過來。

我希望你們在進行下一階段前，能夠接受下面的假設：假設自己現在建立了15個部位，而且全都已經賺錢了。

亞瑟：我還以為你要假設這15個部位全都賠錢。你這個假設是什麼意思？

幽靈：在此，我假設「連贏15次」來改變你的思維。我之所以要你這麼做，是因為如果你有了15次賺錢的交易，你可能會更小心。要是你連續15次全都賠錢，你可能不會那麼謹慎，因為毫無疑問，你覺得自己不可能再繼續輸下去。

你在腦海中形成已經連贏15次的思維，會讓你加倍謹慎。我希望這成為你的優勢，我們可以稱之為對市場迅速變化的敏銳度。現在，你覺得自己承受不起一次糟糕的交易。從這裡開始，我們要扭轉局面，我有幾個建議：

首先，從現在開始你要知道每一次交易的風險換算的實際金額，直到你能從巨大的虧損中恢復。有多少方式可以換算

你的交易風險？事實上，在選擇權中，只要你是買家就可以知道。還有其他方法也可以做到。例如，運用期貨部位中的買權多頭價差，或者使用三個到期的期貨合約月，但這些方法目前對你來說太過進階，所以我們還是用選擇權的例子更適合。

　　我不喜歡提出操作建議，但重點是，你要了解現在我們談論的是一種例外情況。你確實需要一些建議才能步上正確的路徑。你知道你想要什麼，我會指引你。我不會說得很具體，只是告訴你在哪裡拐彎，要往哪裡走，給你指出正確的方向。

▌二、慎選戰場：
　　選擇8個市場，觀察走向

　　幽靈：如果沒有誤入歧途，一定可以從失敗中恢復。你到達想去的地方，但必須要有足夠的汽油（資金）支持。千萬不要走錯路。有時候，交易者的腦袋一心一意只管理頭向前，可不是什麼有趣的事。這就是你唯一的障礙。你要下定決心完成這個正確選擇，而你知道，只要沿著正確道路前進就能到達。不這麼做就只能自求多福。

　　拿出你的圖表好好研究。研究各個市場的本質，得出結論後，只挑出你研究最深入的8個市場。試著分散風險，不要挑選趨勢幾乎相同的市場，或者動向相關性太高的市場。選出已經存在趨勢的8個市場，寫下來，觀察其中哪些趨勢向上，

哪些向下。你很可能發現，大部分市場目前根本就沒有趨勢，而似乎根本沒有差別。這時你不需要太匆忙，除非到了正確時機，你才出手做正確的交易。

如果你要從頹勢中恢復，就要盡可能利用各種資料，讓機率法則成為你的助力。透過深入研究你選的市場，把那些市場的趨勢分類，分成牛市、熊市或是無明顯趨勢。看起來相當簡單，不是嗎？

先把熊市和無明顯趨勢的品種的圖表放在一邊，明天再看看有什麼改變。現在先把注意力聚焦在上升趨勢的品種。

之所以要挑出8個最喜歡的市場，主要是因為我們只操作獲利可能性最高的，同時還需要多樣投資以分散風險。你也必須把優勢帶來我們這裡。比起下跌或持平的趨勢，你比較能預測上漲的趨勢，是嗎？有時持平或下跌的趨勢更容易被看見。熊市的下降速度要比牛市上升的速度快，是嗎？或者，你不是很懂這些？

所以，認真做一下功課，從今天起算，回顧市場動態至少幾年，並從你的研究結果吸取教訓。我告訴你答案是沒有用的，因為每一個市場的反應都不同。無論如何，我都希望了解市場走向的是你，而不是我。

▌三、風險控制：適當運用選擇權

幽靈：你可以用選擇權來彌補損失，因為這可以把你已知的損失限制在一個可以接受的範圍。進入市場時，你會因為無法控制的各種因素而無法掌握局勢。期貨無法告訴你確切的損失，而選擇權則有一些期貨沒有的好處。

其中最大的好處，就是在牛市裡選擇權多半可以強化波動性。因為需要控制風險，所以我們可以利用牛市中較大的波動性。

在熊市中，選擇權容易喪失波動性。因為你不會想出售選擇權承擔較大風險，所以我們把熊市排除在你的復原計畫之外。

此外，牛市上漲所花費的時間，往往比起熊市下跌要來得久。這種上漲給我們更多時間來把握更大的波動，我們同時可以建立未平倉合約，讓利潤逐漸增加。在熊市裡，交易者則興致缺缺。這樣對嗎？記得做好你的功課！

我不打算在這裡講一堂選擇權。市面上已經有許多專家和軟體，內容涵蓋選擇權的各種知識。你想從巨大的虧損中復原，如果在過程中有興趣學得更多，請務必去找那些資料。然而，現在的重點是巧妙運用選擇權工具，幫助你反敗為勝。你將把變得更大的波動性納入你的交易計畫，使之成為優勢。

你現在已經有了恢復元氣的工具，還需要有利趨勢、圖表與研究來協助你。在牛市裡，成交量和未平倉量趨向不斷增

加，這個假設不好嗎？成交量和未平倉量的增加，會提升波動性，這個假設不好嗎？在上揚的走勢中一般會有三波買盤起作用，這個假設不好嗎？我再一次請你仔細研究交易，這樣我們才能對這些假設有信心，知道它們是真實的好想法。

▍四、掌握時機：恢復期的建倉

　　幽靈：看完所有的圖表，如果你發現牛市已經形成，當參數正確時，就可以進行交易了。但哪些是正確的參數？首先，你必須在感興趣的市場中找到一個上升動力明顯的趨勢市場；其次，你必須知道它正處於什麼階段，是第一波、第二波還是第三波？你要怎樣區分呢？

　　答案有很多可能，你要去研究，找出你自己認為可能的結果！你要自己做出假設。當你確定一個上揚趨勢已經開始，正要尋找一個四天的盤整期，在此，你可以稱之為買盤的第一波。然後繼續觀察是否有下一個四天的盤整。如果你能找到，讓我們稱它是第二波。之後你再找找第三波。你可以回顧一下你做的研究，找到一些實際案例。

　　在你現有的圖表上，尋找牛市趨勢已然建立的市場。你的目標可能是一個剛開始形成的四天盤整。我們希望它成為趨勢明顯的牛市中，購買的第一波浪潮。你也可以看看第二個為期四天的盤整如何發展，但我們尋找的是獲利最多的機會。

如果你處在一個上揚的趨勢中，希望在第一個為期四天的盤整期中建立部位，可以透過下列兩種方法之一來操作：一、在市場突破四大調整期的價格時建倉；二、當市場沖過以前牛市的高點時建倉。以你的狀況，最好的方法是第一種。你要在波動性增強之前建立部位，應該會是在調整的第四天，這時市場剛突破前四天的高點。

你對於自己的目標與建倉的方法應該心裡有數。當你進入一個已經是牛市的市場，要尋找風險有限的交易機會。你知道自己可能出錯，但你如果已經透過買入買權限制住風險，你依然可以交易。是否要買權多頭價差策略，或者買入有更高履約價格的買權，這取決於你可用資金的多寡。

你必須決定自己能承擔的交易風險，要自己決定。從經驗來看，這個數字大約是你本金的10%，我們可以遵循這個原則——如果多頭價差選擇權是500美元，你帳戶裡至少要有5,000美元做底。在交易開始後，當你的部位價值減少到一半，或是你的部位觸發一些你操作的條件，你就要想法平倉或反向操作。

如果要進行選擇權交易，到期時間至少要達到40至60天的時間段。少於40天的選擇權時間太少，會使你沒有足夠時間去加入一個良好趨勢而不失去太多時間價值；建立120至180天選擇權，雖然沒什麼問題，但是在一個很漂亮的上揚走勢中，相對於長期品種，短期到期合約品種的價格會有更快的

波動。在此你追求的是短時間內快速的波動。

在已經明確的牛市里，如果你能在第一階段就已經建好部位的話，你就能夠從增強的波幅中受益。你的建倉點很關鍵，你會經歷持續的趨勢，也許會是中斷的趨勢。你必須運用規則1來限制風險。你已經限縮風險，並且一旦你損失了選擇權價值的一半，那就下單以平倉，風險也會隨之減少一半。假如選擇權價值減少一半，此時你當然不在趨勢中，或者你的選擇權合約已經接近到期。接著你就開始準備進行下一次交易！

另外一個平倉的標準是：當四天調整期之後，現有趨勢如果無法持續下去，你就要動手清除部位。如果在四天後的第二個交易日，你的部位現價還低於前四天的最低點，頹勢便已然成形。如果部位錯誤，你的行動必須迅速；相反地，如果部位正確，你會有較長一段持有時間。對於交易趨勢的中斷或是持續，你應該無時無刻保持敏感。選擇權持倉可以保護你免於遭受巨大損失，但當部位沒被證明是正確時，你應該迅速行動，才能保住你的資金。

如果你在頭四天的盤整期中建立了一個正確部位，則可以根據規則2，在第二個盤整期中增加其他部位。如果你選在第三個調整期建倉，可能就太晚了。第三個調整期的趨勢假如不能持續，但趨勢並沒有反轉，很可能導致很大的波動。這是上漲趨勢的一部份，你應該考慮獲利了結。因為你正在交易失敗後的恢復期，必須做出在這個趨勢中獲利的決定，而不是重新

開始一次新的交易。你在進行下一個交易時，也要運用同樣標準。

　　這種建倉方式對於你復原的重要性在於：當你同時掌握上升趨勢和波動性增加時，你的利潤會大過你所承擔的風險。你希望冒最小的風險賺最多的錢，同時，你一定也希望盡可能利用一切能調動的因素。

　　你可能也會嘗試著在熊市的盤整期裡建倉，但這樣有個缺點——市場波動率不高，你的期望值可能會下降得很快。因此，我建議你還是只在牛市第一個四天的盤整期裡交易。

　　你會發現這種交易方式有許多優點，放遠眼光來看，你等待著合適的趨勢，耐心最終會帶來豐厚回報。另一方面，從上升趨勢暫歇的市場裡脫身，會減少你的損失。但不斷用這種方式出場會讓你的交易變得很無趣。

　　有時你會發現沒有建立部位的機會，這其實經常發生。但別讓這種情況妨礙你，因為你不是為了交易而交易，你的目標是要從一個大挫折中恢復過來。這種交易方式有一個很大的好處，就是你可以同時從中學習市場和選擇權的知識。

· · · · ·

　　亞瑟：讓我回顧一下。你建議：交易者在經歷了一次大挫折之後，應該挑選至少8個市場，好好研究，然後判斷哪些具有明確的上漲趨勢。再來，必須看到一個四天盤整期才建立選

擇權的部位。在原有趨勢下，當市場突破前四天的高點時，交易者要麼建立一個多頭價差選擇權，要麼建立一個看多的買權。

　　為了防範風險，你建議如果第二天的價格低於前四天的最低點，同時發現上升趨勢可能不再持續的話，就要平倉出場。此外，如果選擇權的價格跌到一半，也應該平倉。你還希望要給選擇權合約至少40至60天的到期時間。我還忽略了什麼嗎？

　　幽靈：還有，在第一個四天盤整期建倉最為理想，然後在第二個四天盤整期增加籌碼，到了第三個盤整期，你最好套現而非再次增加籌碼。你只在第二個四天的盤整期裡加碼，而且最好是在牛市的第一個四天盤整期建立好部位。在上漲的趨勢裡，你希望波動率能助一臂之力，你也預計牛市中的獲利與風險比，至少要是四比一。

　　亞瑟：這每一次都能奏效嗎？

　　幽靈：當然不會每一次，但這會讓你得到很多有價值的資訊。正如我前面所說，我對小交易者有信心。大交易者擁有很多資訊可以建立正確部位，而且資金充足，有能力抵禦大挫折。我不是指導讀者如何操作，我是在陳述一種情況，而我們在這種情況下，又如何擺脫挫折的負面影響，重新站穩腳步。我希望小交易者可以成為領頭羊，我深信他們有這個能力。這要必需從某個地方開始。我認為，起點就是他們從重挫中恢復的那一刻。

　　沒有人對市場風險有著天生的免疫力。控制風險有幾種途徑，首先，我們必須有自己的優勢，這可以透過各種交易方式來達成。我們只在一個已經明確的趨勢中交易，而且只用正確方式加碼。我們也用兩種方法保護部位：規則1和規則2。

　　亞瑟：我正打算和你討論一下這個主題——你的兩個規則。正如阿爾弗雷德舉的西洋棋例子，他說你欠讀者們一個規則3，是關於何時套現和獲利了結。規則3是什麼？

　　幽靈：我在論壇裡說過，我已經將這個題目納入從挫折中恢復的過程。我一直認為，應該在第三階段或是第三波，並且在成交量最高的三至四天裡套現。在多數市場中，我偏愛在三天內套現。我希望這些話足以回答讀者們，讓他們更留意套現的功能。我在此就不繼續探究了，對於獲利了結這個主題，本書已經寫得比原來打算要說還更詳細。

　　我覺得在幽靈的交易中，目前最重要就是理解規則1、規則2，至於規則3，時候未到。

　　亞瑟：關於規則2還有很多疑問。大多數交易者可以靈活運用規則1，卻仍然不習慣規則2，我們最好再深入解釋規則2。

　　幽靈：也許我們應該對規則2做後續追蹤。來問問論壇上的交易者，他們心中最重要的問題是什麼。如果這一章沒辦法加入這些內容，我們就之後再解釋。

　　亞瑟：這主意聽起來不錯。聽起來你似乎還有另一個規

則？

　　幽靈：有沒有規則3，你們早晚會知道。

　　亞瑟：這是在埋伏筆？

　　幽靈：你有沒有發現，有時候，一些概念不會被精準描述，也不會被正確解讀？我對於關於我自己或我事業的錯誤描述，其實不太在乎，因為那是我自找的。不過，我不喜歡資料上的錯誤。如果那些資料影響了交易者的交易能力，我願意進行修正。我只能在得到回饋的狀況下，才有辦法這麼做。只有這樣才能繼續討論下一個問題。我也不想在規則1和規則2上花那麼多時間，但是沒有別的辦法，只能這樣。

　　亞瑟：那我們是否繼續討論，如何在重創之後恢復信心呢？

　　幽靈：先看看大家的反應之後再說。

第 12 章

市場不會永遠正確

「市場總是正確的」似乎成為耳熟能詳的真理，但在缺乏流動性的情況下，市場還會正確嗎？幽靈帶你發現市場的錯誤，找到獲利的良機。

　　每個人都知道，市場總是正確的，甚至沒有理由質疑這種信念。我們大多數的信仰都是之前專家發表出來的，傳遞至今長達多年或數十年之久。

　　但幽靈曾表示，他對於「市場總是正確」的說法有所保留。我們可以藉由他對市場的觀點，來幫助自己深入理解交易計畫。

・・・・・

　　亞瑟：幽靈，你覺得市場總是正確的嗎？

　　幽靈：不！不！不！絕對不！你告訴我誰可以證明？或是有誰可以告訴我這句話的依據？正是因為相信這一句話，交易者才會出現買高賣低的情況！

　　亞瑟：你這麼說，交易者們會把你丟到一邊，甚至把你抓去關起來。幽靈，除非你對這個反面意見有充分理由，否則你會失去一切信譽。你跟很多人的立場完全相反。

▌市場不只存在這一天！

　　幽靈：我猜我「看起來」反對這句話。很少有專家知道、或認為交易是輸家的遊戲，而交易者們則希望是贏家的遊戲。大家對「市場永遠是對的」這句話也是如此。有誰想過市場有時可能會錯？那為什麼有92%的人在市場中都是輸家？

　　我把市場看成是一幅持續流動的畫面。流動的市場對於新

聞、技術指標等因素的反應，和不流動市場是不同的。畢竟，場內交易員們為什麼存在？那就是提供流動性。流動的市場是主導了價格的決定因素，不流動的市場對價格就沒什麼影響。為什麼要區分不同市場並創造新市場？目的就是提供流動性，並且發現**精確的**價格。

如果不流動的市場中發出一條新品項的利多或利空消息，那買賣差價（bid and ask spread）會大於流動性高的市場。那麼，買賣差價的空間加大，是否證明了市場是正確的？我不認為！當然，你可以試圖透過供需平衡理論，來證明市場的正確性，但情況常常是人為的市場缺乏流動性，從而掩蓋真正的供需狀況。市場沒有賣出合約不等於沒有產品可用。當然，這會對價格產生影響，但這是一種人為的條件。

想生存下去，你必須利用這種人為的市場現象，將它納入自己完整的交易計畫。這樣建議，是想讓你能在交易圈中活得越久越好。想不受限於這種人為的市場現象，就必須有一定的標準。每個交易者都知道「市場總是正確的」，但市場總是處在「偏離目前價格」的過程中。這能證明市場總是正確嗎？對我來說，這只能證明一點：「市場不只存在這一天！」

亞瑟：是的，這是你給交易者的第一課。我第一次聽到「市場不只存在這一天」時，甚至還不知道你是誰。但沒多久，我開始注意到你的交易，越來越佩服你。那時我開始研究你的經驗和理論，甚至我覺得我對你的了解不會輸給你。我知道現在

有不少人都在研究你的交易手法。從你打算寫書，我發現大家
對你的尊敬與日俱增，而這來自於一個明顯的事實：有許多交
易者改變了他們的觀點。

　　幽靈：市場不只存在這一天——這一句簡單的話，可以改
變一個人的想法，進而導致不同結果。市場每天都在變化，現
在顯示的價格並不一定總是正確，而且絕對不會一直保持正確。

　　我們經常會看到，在低成交量的市場裡反而出現一些大波
動。大資金操盤手都明白，新價格會產生新的下單。所以，他
們何不在市場交易量低的日子朝自己渴望的方向建倉？這種事
很常見。

　　這種情況下，你還能說在低成交量的市場裡，收盤價格
也總是正確嗎？在低成交量市場裡，我希望你能看到事情的兩
面。為什麼？在那種環境下，如果沒有牢固的支撐，則一旦流
動性進入市場中，則原本價格的走向就無法維持。在成交量低
的市場中建倉，你會找到一些優勢，但長期而言會付出代價。
用這種方法建倉後，市場常常背離先前的走勢。

　　當基金在一個低成交量的市場裡套現時，由於波動性會比
流動性高的市場更劇烈，所以會影響整體平均的套現價格。這
是一把雙刃劍，有利也有弊。在利弊相抵之下，算是差不多持
平。在低成交量低的市場中，趨勢型市場的反應是有自己特點
的。重點在於，要認識高成交量和低成交量兩種市場的差異，
但許多交易者很少思考這一點，因為他們只用價格因素來建立

部位。

　　市場不只存在這一天！這句話就能說明市場為什麼不總是正確。我們也因此需要規則 2。直到市場證明了你是正確的，你的部位才能真正建立起來，在此之前都不該把部位建滿。

▎市場出錯的兩個因素：流動性與時機

　　亞瑟：你要市場證明你的部位正確，但你卻不相信市場總是正確……這不是自相矛盾嗎？你的交易計畫裡是不是藏著這種潛在的衝突？

　　幽靈：對於大多數用停損點清除部位的交易者來說，這難道不同樣矛盾嗎？就算停損當日市場的交易量很小？這就是交易者們所說的，交易所搶食他們的停損部位。事實是，在市場成交量很低的情況下，交易者更大的機會用停損點清除掉好的部位。

　　我們何不在交易中利用另一種規則得到優勢，進而扭轉局勢呢？是的，我的交易中確實有第三條規則，但也許不是每個人都需要。從交易者的迴響來看，他們的認知與第三條規則是有點差異，但已相去不遠。交易者們希望有規則說明如何套現，即他們渴求的規則 3，而他們都認為自己沒辦法證明規則 3 的套現時機的合理標準。

　　我的第三個規則不僅僅考慮了套現的問題，還同時考慮了

市場的正反兩面，以及何時該徹底平倉——有時規則3會告訴你套現的時機，有時則會讓你按市場情況清除所有部位。

規則3的根據是：市場不總是正確的。

亞瑟：你想現在開始講解規則3了嗎？

幽靈：不，還沒。交易者們現在已經站在正確的軌道上了，但還不夠理解交易準則的重點。我希望他們先好好思考一下、給我回饋，最後再告訴大家規則3的內容。如果只是陳述而缺乏思考，交易者不會得到太多實用價值。我們需要更多訊息，才能知道交易者是否正確理解。

有交易者問過我關於平倉的問題，我當時在《期貨漫談》論壇裡提到幾個面向，但基本上一帶而過，沒有詳談。有些讀過我文章的人正在討論這個題目。你如果看到那些交易者對規則3的理解，你會很驚訝於他們的準確度，他們實際上早就掌握規則3了。

一些有幾十年交易經驗的老交易者說，他們只需要看看收盤價就會知道整個市場情況。他們基於這個事實做交易，而且在「市場總是正確的」這個前提下制訂計畫。為什麼我不利用這點和規則3成為我的優勢呢？為什麼交易者不利用這一點，修正自己對現在價格的行為反應呢？

我想再強調一遍：「對大多數交易者來說，市場不可能是錯的！」他們認為每次都只是自己做錯了。而當他們知道自己真的做對時，卻還是繼續輸錢。他們的交易計畫為什麼會出現

那麼多矛盾？我的觀點是，市場不總是正確的，流動性和時機是使市場出錯的兩個重要因素。

我們這個假設對平倉和建倉會有幫助嗎？這個規則並不複雜，卻可以使我們脫離不利處境。我的規則著眼於市場的流動性情況，並且在規則3的應用上融入這個認知。

進一步解釋我們在這個想法上的立場！重新檢視此說法，讓我們持平回到「市場是否總是正確」這個起點。先假定我們對正反論述的正確性一無所悉。要得到合理的陳述，我們應該說這句話對還是錯？

為什麼我們每次都要說它正確？我從「有時市場並不正確」這個假設出發，然後我將討論這一面。這很重要，因為我希望解答為何正確交易卻仍然輸錢。為什麼做對的時候還是會有損失？這是因為交易時，市場無時無刻都是流動性的真實反應，而不總是基於基本面和技術面的因素。

我知道很多專家此時會說，流動性實際上就是交易中技術或基本面的一部分，所以能證明市場永遠正確。那麼，市場裡的時機又該如何看待呢？如果市場的每一個時間點都正確，那為什麼大多數其中的交易者卻是錯誤的，而且輸家比贏家多更多呢？仔細想想這個問題，市場也許並不像我們所認為的那樣，也不是我們被教育接受的那樣。

假設市場不總是正確的──接下來我會告訴你，單憑知道自己必須懷疑市場的正確性，你就可以制定出更好的交易計畫。

　　大多數交易者不是用基本面分析，就是用技術分析。我喜歡用的方法，我稱之為「戰術分析」，包含了基本面和技術分析以外的其他因素。我可以舉幾個例子，演示一下市場在各種情況下是如何做出反應的。

▌市場正確嗎？橙汁期貨的案例

　　幽靈：第一個例子。在一份史上最少的柳橙採收量報告公布的前一天晚上，我們知道佛羅里達作物區遭受史上最慘的一次寒害侵襲。正常情況下，柳橙汁市場在基本面上應該是看多的趨勢。而根據技術指標，我們可以說市場中正在建立上漲趨勢。開盤前，大眾對報告上的資訊一無所知。但開盤時，出現的卻是跌停鎖住，一筆交易也沒能達成。

　　此刻，市場已經開盤，而且沒有任何交易發生，在兩個小時交易時間內，滿眼看到的都是橙汁的賣盤。分析專家和新聞報導都在吵著：「瞧，市場總是正確的，橙汁的市場價被高估了。」

　　當沒有任何買家願意買的時候，怎麼能說市場是正確的？這種情況只是空頭不願意回補而已！對我來說，沒有證據能證明「市場是正確的」。這只是告訴我們：此時市場沒有流動性。

　　如果市場以跌停價收盤。我們會相信在今天收盤到明天開盤這段時間內，市場總是正確的嗎？在這段無成交的時間裡，

市場也正確嗎？不存在交易時，市場怎麼會是正確的？

好，現在讓我們看看柳橙汁第二天的開盤，竟是漲停價開盤鎖住，又是整整一天沒有一筆交易。這時的新聞標題是「今天市場證明橙汁的價格被低估了」，除此之外沒有任何說明。

這兩天的新聞只有做唯一一件事，就是宣布當時價格是正確的。我們來看看，如果股市某個價格在某個時間點停滯了半小時，那市場是否因為這個停滯點而正確了？

雖然我們確實只能用當前價格來衡量我們的權益、平衡我們的對帳單，但我們還需要其他標準來理解市場的正確性。這樣你可以理解嗎？需要再舉一個例子？

亞瑟：當我們說「市場」一詞，討論的是合約當前的價格，還是在執行合約過程中所發生的事？

幽靈：這是一個很棒的觀察，也是一個必須回答的問題。假如你聽到報導說市場今天攀高，那麼市場在走高時是正確的嗎？如果市場以低價開盤，以高價收盤，但是收盤價比昨天低，我們還在說「走高」，這是一個準確的陳述嗎？換個角度來說，假如市場以高價開盤，低價收盤，但最低價還是比昨天最高價高出一點。那麼「市場走高」的陳述恰當嗎？市場總是正確的嗎？

當記者們談到市場的時候，指的是什麼？我相信他們指的是「現在」。他們說市場一詞時所代表的意思是：現在的市場。因為有不同的參考點，「正確」的含義也不同，而且在不同時

間得出的觀察結果也不盡相同。

▍市場正確嗎？麵包期貨的案例

幽靈：我希望你能明白。讓我舉第二個例子，說明低成交量的市場如何在不同情況下做出反應，這樣一來，我們會該開始接受市場並不總是正確。別忘了，市場價格是流動性的函數值。

假設有一個小的麵包期貨交易市場（當然沒有這種市場）。這一個交易所裡有十個交易者——兩個經紀人、五個當沖交易者，還有三個部位交易者。昨天，三月份的麵包以一片66美分的價格收盤。漲跌停的限制範圍是10美分。

兩個經紀人在開盤時下單，他們的單子在66美分和67美分執行。場內的部位交易者都保有持倉，沒有進行交易。當沖交易者在與經紀人們相反的方向建倉。

由於沒什麼交易發生，部位交易者決定離開，把目光轉向其他品種。當沖交易者沒有看到像樣的成交量，撤了自己來交易所與其他人和經紀人對做的單。當沖交易者清除了部位，離開交易所，決定好好花時間吃午餐。到目前為止，未平倉量沒有任何變化。留在場內的只有兩個經紀人了。

突然，小麥有了大筆買單，十分鐘內即告漲停鎖住。小麥大漲後，場內經紀人一下子收到了大批購買麵包期貨的下單，

於是競買、競買、再競買，麵包最高買入價很快上升到76美分。其他人都在吃午飯，而持有部位的部位交易者恰巧只有空頭部位。當所有交易者都趕回交易所後，還是沒有人想賣出，所以市場最終以漲停價收盤。

現在的麵包期貨市場還是正確的嗎？我可沒看到，我只是看到了一個沒有流動性的市場，可沒看到什麼正確的市場。一些專家可能會說，市場供求狀況能證明市場的正確性，因為需求超過了供應。

但我認為，只是因為小麥市場上揚，就沒有人想賣出麵包，這並非是一個正確的市場。但是，交易者們卻那樣想。這也就是為什麼我有個習慣：選擇最弱勢的市場中突然出現的一個強勁上揚行情時迅速賣出。這與剛才在麵包市場的思路一樣，當小麥市場漲停，麵包市場也應該漲停。

通常，一個市場的結果常常會帶來另外一個市場的變化，只要兩個市場存在相關性，直到建倉部位需求被滿足為止。此時，真正的市場接手，市場上沒有任何買家。很多時候市場是不正確的，這種情況的發生將是一個很好的獲利機會。

・・・・・

幽靈：如果你認為市場總是正確，就永遠不會想到這一面。專家會告訴你，這種觀點是個解釋。我則會告訴你，意外機會的出現通常是因為市場不總是正確。

　　有些時候，我不認為市場是正確的。在某些情況，我覺得
探究市場的正確性會對交易有幫助。如果有些狀況我需要質疑
市場的正確性，那就表示市場有不正確的可能，而我必須做好
準備。

　　有時候我們也會看到極端情況：市場經歷了幾次上揚和
下跌，我們只看到成交量非常大，市場價格卻沒有變化。你能
說這種市場正確嗎？我認為，市場在流動性高的情況下是正確
的。如果市場流動性很差，我不會認為市場總是正確，而且知
道它可能會扭曲。

　　無論何時，只要我認為市場被扭曲了，我就要去判斷市場
究竟正不正確，而不是讓市場決定一切。

　　亞瑟：與其說是探討市場的正確性，會不會這其實只是你
的另一個技術指標？

　　幽靈：如果漲停或跌停，沒有什麼交易發生，你就遇見了
一個產生價差和缺乏流動性的市場。你可以把差價做為技術指
標的一種組成部分，但別忘了，缺乏流動性是個技術指標之外
的特殊指示。沒有流動就無法交易，你看到的只不過是現價不
適合交易，以及市場出現了不正確的現象。

　　你可能會一連幾天都遇到漲停或跌停，從而無法建立一個
部位。那麼你會覺得市場是正確的？你覺得是每一天都正確，
還是全都不正確，或者是特定某天正確呢？

　　亞瑟，讓我們看看交易者怎麼回答這個問題。他們現在知

道有規則 3 了。盡量讓他們自己發現內容。我們稍後就會談到它。

亞瑟：好，我們等待交易者的回饋！市場是否總是正確？

▌交易者迴響：市場總是正確嗎？

市場有許多很棒的交易者與想法，你通常可以憑經驗在其中找到好點子。那位名叫阿爾弗雷德的交易者，觀點一向很有價值。他最近在論壇上發表了他的看法，我們覺得這篇很重要，所以放入這一章。

阿爾弗雷德的迴響：

幽靈、亞瑟和所有的朋友們：

過去兩週我一直在旅程中。對於你規則 3 的概念與發展（取決於成交量、未平倉量和流動性）感到十分激動。我認為，你絕對在正確的道路上。

我自己不喜歡沒有流動的市場，而且會避開。我們都看到柳橙汁漲停板持續了三天，然後跌停了四天，完全沒有流動性。你可能真的會虧錢，因為那甚至沒有使用規則 1 和規則 2 的機會。

我喜歡觀察能量潮指標（OBV），對其中產生的指標背離會十分謹慎。但柳橙汁市場在第一個期貨交易月內，每天

只有區區300筆交易，這市場當然會有劇烈的價格波動，更別提可能會有人試圖操縱，又更進一步傷害橙汁市場的流動性。

　　至於市場究竟正不正確？我敢說市場從來就不正確，所以你才有機會從中獲利。我能想到的唯一正確的市場，只有現貨市場（spot market）。在現貨市場中，如果有人實際上下單停損，另一方也會真實地依照成交的單子出貨。

　　假設在一份買賣黃金合約的合約到期日，最後的要約是300美元一盎司，或許這是你得到最「正確」的價格。但對於期貨來說，有一點與其他交易很不一樣，價格會在一段期間內經常變動，這說明交易者之間的差異。假如市場要能夠「正確」，根據定義，市場上應該要有一致的見解。我認為期貨市場，至少從細微的差別上說，是「不正確」的（所以證明部位的正確至關重要）。但我同樣認為，正是這種「不正確性」增加了遊戲的趣味。

　　不過我承認，我自己認為未平倉量和成交量十分重要，因為它們不僅是流動性的指標，同時也暗示可能的價格走向。比起成交量，交易所無法快速給我們未平倉量的資料，這相當可惜，我猜可能是因為技術問題。

　　祝好
　　交易順利

幽靈覺得阿爾弗雷德很有想法。我們一致認為，與他交流這些想法非常幸運，而其他人也能從中獲得啟發。

我們的棋盤上還需要另一枚棋子 —— 正如阿爾弗雷德所言，很多人也認為未平倉量和交易量非常重要，可以對價格的走勢提供很好的回饋。

我相信我們可以用自己的見解，換到另一枚有助於交易的棋子。幽靈也記錄了休斯這位交易者的見解。他正確說明了交易量和流動性的重要。

休斯的觀點：

> 幽靈，我認為你要告訴我們的是：規則3與交易量有關。交易量等於流動性。如果市場在低成交量的情況下上揚，則市場是不正確的，此時最理想的是放空。如果市場在高成交量的情況下出現上揚，市場就是正確的，最好買進多頭。反之亦然。規則3的另一個因素是未平倉量。如果未平倉量在一個上升的市場裡減少，空頭可以彌補他們的損失。我覺得這種做法是正確的……但我不太確定……

休斯透過價格和成交量來對市場進行質疑，這種解釋讓幽靈十分讚賞。另一位交易者帕默，他也有絕佳想法。

帕默的貼文：

幽靈、亞瑟，感謝你們為這個論壇注入創造性的活力。我聽了不少你們的意見，交易大有進步。對於成交量和流動性，我的想法是這樣的：我記得幽靈說過，他在高成交量出現的三到四天內會套現，所以這必然是規則3的一部分。

讀完了上面那些貼文，我試圖建立一個指標，可以告訴我最近交易量相對於近期歷史交易量的情況。我最後這樣設計：以45天內最高的成交量減去最低的成交量為除數，以當前的成交量為被除數，相除後乘以一百，得出一個百分比。然後我計算五天成交量百分比的平均數加以平滑化，這樣較容易看出趨勢。

接著，運用幽靈的1／3理論，我在67%和33%的交界點處設為警告位置。請告訴我這樣做有沒有什麼問題。這幾乎可以當成「價格發現過程中的信心指標」。高於67%的價格可以認為是「正確的」，若低於33%則有可疑之處。這裡使用的數字沒有什麼特別的意義。

這似乎有些道理。你們怎麼看呢？

讀者對帕默的觀點有什麼想法嗎？幽靈對這個方法印象深刻，或許他的標準還有點誤差，但經過驗證，這確實是相當不錯的標準，時常有效。我們可以稱為「帕默指標」。想一想，然後把你的想法寫下來。

霍根也時常寫出一些精闢見解，顯然他通常會經過深思後才發表。我們來看看他如何理解規則 3。

霍根的貼文：

規則 3 的一些想法……成交量極低發生的頻率有多少？你交易時能分辨低成交量市場嗎？或者，規則 3 能讓我們遠離在這種市場交易的結果嗎？

我看見有些談平倉的評論這，說建倉之後要在市場走勢對自己有利時平倉（例如，通常會在上漲趨勢接近最高價時）。如果市場在第二天沒有繼續漲（有些市場是 10 分鐘，有些市場是 30 分鐘，諸如此類），部位就會被清除。這是否就是規則 3 所提供的保護呢？

一個成交量很小或者不正確的市場，可以持續一天以上嗎？規則 3 的標準每天都在改變，所以市場必須持續證明部位的正確，避免在不正確的市場裡建倉或加碼。

在不正確市場中建倉可真是像在黑暗中被捅了一刀（背景也許有些許微光）！

謝謝……

幽靈認為霍根的主要觀點是：如果我們想從一個不流動的市場裡退出時，規則 3 就會起作用了。低成交量市場當然會持續一天以上，關於這一點，阿爾弗雷德就用橙汁市場舉了好例

子。

　　另一位交易者，伍瑞克總是能綜觀兩面並提出疑問，且總是切中要害。幽靈希望貼山他的部分想法。伍瑞克也算大膽，認同市場並非總是正確，這是一個非常明確的立場宣示，同時也不為一般人接受。

　　伍瑞克的想法：

　　　　我以前說過市場總是正確的，之所以這麼說，是因為你的股權流動總會透露事實。如果你輸了，那就是你自己輸了。不是市場輸了，也不是經紀人輸了。是你自己進行的交易，而不是別人。

　　　　市場本身則在大多數的情況下是錯誤的，不過，我們正是因此得到交易的機會。如果市場今天是正確的，我為什麼要交易呢？我根本不該期待有所變動，不是嗎？

　　伍瑞克經常道出事物的本質，他總是持續不懈地進行研究。這可是偉大交易者的共同性格。

　　幽靈對上面所有觀點都很讚賞，不希望遺漏其中任何一個。市場收盤時，你們有多少次會面對面地坐下來，一起探討長久以來在彼此腦海中盤旋的想法？我們需要回顧很多過去的想法，才能進行修正。

　　我問幽靈，他想不想深入討論所有回饋。他說：「是的，

一定會。」我們下一章裡的主題，不是幽靈自己的規則 3，而是所有交易者共同創造的規則 3。

感謝所有交易者提供的寶貴意見和想法，讓幽靈的規則 1 和規則 2 以外，有機會再增長知識並改進交易行為。

第 13 章

規則 3：
爆量是套現良機

已經持有正確部位，也正確加碼，但何時才可以落袋為安？所有交易者引頸期盼，規則 3 教你把握時機：爆大量的三天內全部獲利了結！

　　我注意到，幽靈在幾張紙上潦草地畫了好多箭頭、幾個三角形和其他奇怪的符號。起初我還以為幽靈在做電腦程式設計的新流程圖，因為通常在收盤之後，這些畫著潦草記號的紙都會變成廢紙，不久之後統統被丟到回收桶，可是這次他沒有丟掉。

　　這讓我相當好奇。儘管我看不出個所以然，但我還是決定問問這些紙的用途。幽靈表情有點不自然，似乎不想向我透露其中細節。

　　我決定自己把事情弄個水落石出。我看到的內容是：在第一組潦草的記號中，有四個箭頭和兩個三角形。第一個箭頭指向紙的最上端，第二個箭頭指向第一個箭頭的右邊。

　　第三個箭頭從第兩個箭頭處出發，指向紙的最底部，最後一個指向紙的左邊。換句話說，這是你所熟知的「欲左轉，請右轉三次」標誌。

　　另一組箭頭只有兩個。其中一個指向紙的頂部，另一個指向第一個的左邊。也就是說，這是一個很普通的「直接向左轉」符號。

　　在這兩套箭頭的左邊有一個三角形，表示兩個選擇中的一個。此時此刻，這看上去對我來說仍然像是程式的流程圖。

　　等等，就在這裡！我在紙的底部發現了很小的字，寫著「規則 3」。太棒了！大家都在問，我想幽靈終於要說出規則 3 的內容了。

　　在期貨漫談論壇上，交易者們問過幽靈有沒有規則 3，這樣他們就知道何時應該套現。他們覺得這部分得要完成才圓滿。交易者開始理解，規則 1 講的如何建倉，以及該不該持倉；交易者也開始更深入理解規則 2，以及在正確部位上加碼的原因與優勢。

　　幽靈是不是早就有規則 3 了？難道他想藏私？我自認算是理解他的交易方式，但我對規則 3 並不清楚。他之前為什麼不告訴我？為什麼不和我們分享？我腦海裡一時浮現出很多謎團。

　　我反覆看著這幾張紙，感覺有些洩氣。背面只有一個大大的問號。其他除了那些潦草的記號和「規則 3」，什麼都沒有。

． ． ． ． ．

▌「我們」一起提煉出規則３！

亞瑟：幽靈，正如我們先前說好的──關於規則３，你有什麼要告訴我和交易者的？

幽靈：恐怕要讓他們失望了，亞瑟！我沒有什麼規則３。何時套現不是很容易的事，也沒有一個很明確的規則。套現的過程對我來說，更像是自動發生，而不是按規則操作。

你們也知道，我的兩個規則表明了交易的本質。交易是一個輸家的遊戲，最重要的方向是，將損失控制在一個相對小的範圍內。此外，當部位正確時你要增加籌碼。至於套現這方面，更多的時候取決於我們後天形成的直覺，而不是規則。

我懂「套現也必須正確執行」這種觀點。雖然對我來說，套現的操作或許已經成為直覺，但我仍在學習相關重要觀念，這對我們的交易者來說也極為重要。

我們將一起提煉出規則３。你有發現我用「我們」嗎？這是所有的交易者，包含你我，都會對其結論感到滿意的規則３。現在規則３還不是很明確，但我們會去做我們發現是正確的事。

如果你將燒杯裝滿灰塵和水，加以攪拌，你會得到什麼？

亞瑟：清澈的水將變得混濁。規則３將會是一個革命性規

則嗎？

　　幽靈：沒錯。嗯，這也就是當時機到來時，準備套現時所呈現的情況。革命性，正如同你說的，我認為革命性的規則 3 將會成為交易者最喜歡的一條！由於變數太多，所以我們無法只用一條簡單的規則來說明套現。大多數獲利的情況，都應該在交易計畫中有所體現，但我能肯定，我們能想出一條規則，不會違背出色的交易計畫。我們得要努力想想。

　　規則 1 的作用範圍，是在部位不正確時立即平倉。規則 2 負責的則是，當部位正確時，要加碼使部位變大。在增加籌碼之後，我們又回到了規則 1，即根據規則 1 來保護規則 2。當部位不再正確，即使我們已經增加了籌碼，仍然需要依據規則 1 強調的那樣，把這個部位清除掉。

　　對我來說，套現獲利可不像清除那些錯誤部位一樣，有個固定模式。有趣的是，大多數交易者卻認為套現有固定模式。對大多數交易者而言，停損似乎才是令人頭痛的事。

　　在論壇上，交易者們都渴望看到規則 3。我自己的交易計畫從來沒有對套現想過太多，沒想到這現在會變成大家的焦點。我當然不能公開我的交易計畫，但少了交易計畫又不好談規則 3。我不想讓大家失望，因為套現對於增加收益非常重要，所以大家想知道也是合情合理。

　　離開了特定的交易計畫談套現獲利，我們就必須做一些調整。就像在談規則 1 和規則 2 的章節，我們必須用一些特定詞

語來討論套現。

　　首先必須說明的是，你在套現獲利時，必須相當確信你在做正確的事。任何時間點你回頭去看你之前的交易，總會以為自己可以賺更多錢──這不是你真的可以在更好的價格平倉套現，而只是後見之明。

　　我們用規則 2 來增加部位，而新的規則 3 更好、更易於交易者使用。但在用文字表達之前，我們要先把標準弄清楚。

　　我們是否應該認為，當除去部位獲得利潤時，就是套現獲利？或者說，是不是只有在成功地為部位加碼之後，才要考慮規則 3 的套現問題？如果需要運用規則 3 來套現，那是要在加碼一次、兩次或者更多次之後？我們要到何時才會認為交易的部位已經完全建立了？

　　我們可以從以上問題清楚地看出，除非一開始就為規則建立標準，否則運用規則 3 來套現會很困難。有時候平倉會被認為是套現獲利，但在其他情況下，平倉則代表要控制損失。「套現獲利」應該與「平倉」不同，我們應該把平倉主要看做是降低損失的一種手段，儘管我們因為其他規則的本質，也常常因為平倉而獲利。

　　亞瑟，我們要與交易者們一起討論規則 3，因為這是他們的規則，我們必須回頭聽聽他們的意見。重要的是，交易者們要了解，規則 3 儘管有我的思考成份，但並非我多年來千錘百煉的一條規則。規則 3 會包含大家想知道的、我的套現標準，

但我們會吸取所有交易者的意見做為參考。

不可能提出包含了所有建議的規則，但可以試著想想一條能讓大家從中受益的規則。既然大家想要規則 3，那我們可能要進行大量電腦測試。如果規則 3 有悖於我的交易方式，我會覺得不太舒服，所以，我還是會加入我自己的標準。

我必須知道交易者想要的規則是什麼。考慮所有變數，回家做功課研究，建立你們的標準，這樣就可以開始創建規則 3 了。

幽靈：你看到那兩組箭頭了嗎？等到交易者回饋之後，我們將會有三組箭頭。詳細討論之前，我需要一些回饋。

我可以大致說一下我們需要什麼。思考一下規則 1 和規則 2，根據每一步的可能性畫出流程圖，然後指向規則 3 的套現所需考慮的各種可能性。盡可能說出你對每一個步驟的想法，這會有助於我們建立標準。

亞瑟：好吧，關於交易者們需要的標準，我們等等看他們對規則 3 的迴響。

・・・・・

▌老鼠走迷宮：簡單好用的流程

亞瑟：我們最近收到交易者關於規則 3 的一些想法。實際

上，我們看到一些很好的建議。其中一些最後與你的箭頭相同。

　　幽靈：我先以我的一些理論起個頭，然後再來討論一下交易者們的意見。

　　交易就像是一個迷宮——我所謂迷宮，指的是進去之後有一連串房間，你要走過所有房間，才能從房間的另一邊出去。你可以一直往前，或向左、向右轉。不過，目標是穿過迷宮、走完所有房間，然後重新站在迷宮外面。

　　在我們的迷宮中，你必須設計一套系統，確保自己能完成這個迷宮。雖然你並不一定現在就知道在每一個轉彎處要怎麼走，但你必須知道在哪裡轉彎。交易也一樣，你無法完全確定該在哪裡轉彎才能到達成目標。你的計畫可以是「猜想—落空模式」、「嘗試—犯錯模式」，或者是「系統性模式」。

　　我們希望每一次都能在正確程序與速度之間找到平衡，避免不必要的操作。我接下來要說的，可能會讓你笑出來，而且懷疑我的人格，但這確實是很重要的學習過程。

　　我念大學的時候，曾經觀察過老鼠走迷宮。我們將老鼠放到迷宮中，任牠自由移動，然後觀察牠。令我吃驚的是，低智慧的老鼠有一套辦法穿越迷宮，而且還不用花太久。老鼠的辦法是，每逢遇到轉彎一律向右，直到穿過整個迷宮，到達另一端的出口。雖然這並不一定是最快的路徑，但用這種方法最後一定能到達出口。

　　於是我發現到達出口最簡單的方法，這就是把我的右手放

在右邊牆上，然後一直往前走，直到我最後只能向右拐為止。我只往前，沒路走就持續朝同一方向拐彎，但我從不往回走，這樣可以保證我用最少的步數到達出口，而不會重複自己走過的路。

　　我們看見的交易不也是如此嗎？交易也是一個不知道該往哪轉的迷宮，但我們需要一種系統使我們少走彎路，避免花太多的時間才實現目標。

　　在交易中，只有在事後回顧時，你才會知道正確的方向有多麼重要。因此，你必須有一種系統性的方法來幫助你。你交易的目標，就是在執行時最小化損失。你在迷宮裡無法找到確切的途徑，但你完全可以根據一個設計得很好的系統，把不必要的路徑完全去掉。你無法每一次都恰如其分地交易，但你可以設置一套系統避免踏出多餘的步伐。進行交易時，不必要的彎路往往會讓你付出不少代價。

　　規則 1 和規則 2 是我交易系統中的一部分，在我定義自己的目標之後，它們可以使我少走彎路。當我們進場持有部位，就像在迷宮內持續往前，而我接下來不是規則 1 就是規則 2。也就是說，我不是向右走，就是向左走。

　　我在交易裡也會選擇向左或向右轉。當我想左轉，就清除我的部位，因為它沒有被證明正確、或者不再正確。如果我向右轉，我會把右手放在牆上，因為規則 2 要求我在正確、或者保持正確的部位上加碼。每當我省掉不必要的彎路到達目標

時，我會自動向右轉。你們在我的迷宮系統和交易系統裡都可以看到這一點。

因為這方法來自於智商不高的齧齒類，所以非常簡單。我完全沒有貶義。當然，希望大家別把我的系統叫做老鼠系統，請幫我留點面子！。

・・・・・

幽靈：現在你可以看出，當我要陳述規則3時，會發生兩難處境。如果我必須直走（保持現狀）、向左轉（平倉）或向右轉（加籌碼），我就沒有180度回頭的餘地。也就是說，我沒有在規則1和規則2之外獲利了結的空間，因為這會和我的兩個規則衝突。以達成目標角度來看，這會導致不必要的彎路。

我必須在此聲明兩點。

第一，我不是在暗示我做決定時，必須在規則1和規則2中選擇其一。如果決定使用規則1，我知道自己若非正確，就是用規則1平倉。因為使用規則1，而我現在持有的部位被市場證明為正確，並不表示我等到適合的標準出現時，一定要使用規則2。部位被市場證明是正確的這一點，並不構成加碼的標準，我們可以等到下一個買入或賣出的訊號才加碼。

第二，當你試圖將規則1、規則2與迷宮理論結合，別忘記我們只在能右轉時右轉（即在部位上加籌碼），並在撞牆時左轉（平倉）。在交易中，撞牆就是當部位沒被證明為正確，

這不等同於你的部位被證明為錯誤。

　　當你把迷宮和交易規則做連結，不要對二者之間進行過多的比較。我只是把迷宮理論當成思考的參考背景圖像，如此一來，在設計交易流程圖時，你就會使用簡單的箭頭示意圖，讓自己在使用上更為便利。

　　我發現有交易者認為我的概念有些難懂。但你能想像，如果我們有十個、二十個規則會是怎樣嗎？我知道自己經常重複，但為了強調其重要性，重複是必要的。我猜，我大概可以憑解釋自己的想法來討飯吃。我認為如果交易者要有更多自己的思考，而不只是模仿我來思索交易計畫。沒什麼不能改善的，我相信每一個交易者都能透過我的經驗，使自己的計畫更加完善。我的計畫不盡完美，但對我自己還算管用。交易者的計畫必須在各種狀況下都有效果。

▌規則 3，交易者怎麼看？

　　亞瑟：我們先來看看 MT 的信。總而言之，他覺得規則 3 只是規則 1 和規則 2 的延伸，其中多了些直覺的成份。他的想法是，獲利套現是在市場出現反方向走勢時進行，例如，對持有部位加碼結束的那一刻。

　　幽靈：我一向很喜歡 MT 的觀點和文章。增加的籌碼相較初始部位只是一小部分，如果在市場反轉時套現，他的想法原

本是可以成功的。

但是為了套現獲利,所有部位都必須清除,否則就僅是用規則1去假設加碼的部位沒有經過驗證。如果這樣,就沒有完全正確地使用規則1,主因是此處除去部位的標準,是市場的反轉。

我希望一個已經加碼的部位被清除,是因為部位沒有被證明正確,而不是因為加碼之後市場的反轉。當然,如果出現逆向走勢的話,也一樣證明了部位是不正確的,更應該立即清除。但是,不要搞混這兩種情況。有時候建倉後很快出現反向走勢,你這時要立即平倉。切記這個原則,平倉是因為部位沒被證明正確,而不是因為出現了反向走勢。

亞瑟:沒錯,MT對他自己的說法也有點不確定,他似乎用價格走勢來決定操作,而不是將交易操控在自己手上。他說,有時似乎用一種意識流式的思考方式會操作得更好。他還覺得,在最後一次增加籌碼時,也許你會放棄現有的部位,這和幽靈你說的多少有些吻合。

幽靈:MT在他的交易中能做到遊刃有餘,而且他的行動更常在潛意識中做出的。相信我,當你的交易計畫非常有效,且對自己的決定非常自信,那這一切就會越來越自然。MT無疑呈現出他交易時的得心應手。

亞瑟:MT提出,當趨勢指標有變化時就應該考慮平倉。

幽靈:在交易計畫中,這種變化有時會導致我們把所有部

位都清掉。當然，如果得到已經過頂的早期訊號時，我們也會平倉。實際上，上星期我們在豆子市場中確實接受到這種指標訊號。這是一個你除去部位的好理由。此外，有時在頂部反轉時，我們確實也很快地得到了一個反轉指標。上週我們就遇見了一個。

上星期我看到你在論壇上拋出了一些好問題，而且沒有干擾大家的思考。無論何時，我們的指標都有可能錯誤，重點是不要把建議無條件強加在交易上。只要交易者有兩條腿，就不要硬塞給他一副拐杖。走路會增強腿力，而不是用楊杖——意思是，他們必須根據自己的經驗、知識做出正確判斷。

MT給我們開了一個很好的頭。讓我們看看下一則回覆。

• • • • •

亞瑟：湯瑪斯在MT之後回應道，也許規則3很簡單。規則3僅是規則1和規則2的延伸。他認為，在建倉的最後階段，你只會再次用到規則1，而不會回到規則2，因為我們的部位已經被擇一清除了。

幽靈：是的，這也是我平倉時常用的做法。但有時當我得到反轉訊號、高點訊號或底部訊號，也會在沒用規則1的情況下平倉。正是這種時候，交易者認為應該有規則3的存在。我越想越覺得，規則3是一個關於同時平倉和套現獲利的限定規則，但它也可以是在未獲利的情況下除去部位的限定規則。

　　一切似乎更有趣了。規則 3 的創建或是失敗，就在這個關鍵點。我知道！

． ． ． ． ．

　　亞瑟：瓦林有一些很有意思的流程圖。他弄得相當不錯，因為論壇格式的關係，要清楚標記箭頭不太簡單。他說自己還不是很清楚套現獲利方式的答案……也許這只是衡量一連串利弊得失之後所做出的選擇。

　　關於套現獲利系統的機制，他舉了兩個例子。一個系統是目標價格套現（target price），另一個系統是價格回歸套現（retracement of price）。你可以想見，每一種系統在特定條件下都有自己的優勢。可這兩種系統似乎與規則 1 和規則 2 有些矛盾。

　　他用了你的「降低持倉成本」把戲。就如同你一再強調的，交易好比潮起潮落。他對於如何運用規則 1 和規則 2 有獨到的精彩見解。當你的指標呈現出一個可能的價格高原期或是短期回檔，交易者可以賣掉部分，然後在低價位重新進入，從而降低整體持倉成本。瓦林還說，他認為持倉就像是進行一系列的交易。不過，關於降低持倉成本的做法，在一些關鍵處會有問題產生。

　　如果你計畫用這種方法重新建倉，但已經錯過了便宜的價格，你會在稍高的價位上建倉嗎？如果市場走向繼續對你不

利，而且你持倉的價格一次比一次低，你會怎麼辦？眼睜睜看著你的部位繼續損失嗎？你會做多少次努力？

幽靈：這些都是好問題。其實，所有答案都集中在一個脈絡上。當規則 1 告訴你要清除已經加碼的部位時，你很有可能持有那個部位一段時間，而且有了不少利潤。你的交易計畫可能會預見市場將進入某個價格高原期，而且你認為你的部位不再被市場證明是正確的。

根據這種訊號運用規則 1，由於部位不再被市場證明為正確，就算利潤很大，你也會平倉。在此情況下，你會考慮選擇一個更有利的價格重新建倉，然後運用規則 1，去再次證明部位的正確性。

當然，如果市場走向繼續背離已經被證明的好部位，那你的交易計畫應該會有準備，並且相應地使用規則 1。你不應該再建立任何新部位，除非你的交易訊號給你提示。至於你要做多少次努力來重新建倉，則取決於交易標準和交易計畫。

規則 1 和規則 2 不是建倉的標準，它們僅僅是根據你的交易計畫設定的指標，所建立的一個機械性系統，以滿足正反兩面不同的需求。

如果要問你的規則的不同特色，我認為瓦林的問題實際上涵蓋了所有規則在不同情況下，行為正確的基礎上。他設想了一種可能的情景，其中規則的有效性受到挑戰。正如我先前所說，這是方法與系統的問題。方法可以讓交易者在市場開始交

易時正確地簡化交易，我們尋求的正是這種方法和系統的最佳
可能。

　　瓦林認為他的研究跟我的不一樣嗎？我不認為。因為在使
用兩個規則之前，我會對每一個可能的方面提出疑問，這樣能
解決規則和我交易標準的衝突。我認為瓦林將交易標準調整至
他的預期之後，應該可以好好結合幽靈規則，而不會有什麼衝
突。

　　亞瑟：我們可以對規則的使用再多一些辯論！

　　幽靈：我不會稱之為辯論。對我來說，這是在完善交易者
的交易風格。他們提出正確的問題，並且將自己的知識納入思
考，然後使用正確的方法交易，等到累績經驗之後就會更出色。

　　亞瑟：瓦林說，他覺得抓住一個波段，就好像願意去承擔
開放部位的風險，以尋求趨勢在價格高原期之後重新宣告自己
價值的回報。我們仍然覺得套現規則有些模糊。

　　幽靈：我的交易計畫使我得以在第三個波段時，增加三次
籌碼，然後套現。第三波往往最強，就像坐電梯一樣，假如我
在一台看起來飛快向上的交易電梯，經常我會在14樓下來，
而不是18樓。我知道電梯終究會停下。我認為交易者的唯一
的問題，就是決定在往上或往下的電梯從14樓出來。

　　正確的答案就在我們的交易程式中，只要使用我們已經
建立好的指標就可以了。比如說能量潮指標告訴我們，在價格
上升時，我們可以看見反轉日的成交量比上升日的成交量大得

多，儘管能量潮指標仍在上升。我們可以看到這種衝突。也許有時交易計畫會指示我們在往上的電梯出 14 樓，而不是往下的電梯。其他時候，我們的交易計畫會告訴我們，先按兵不動，讓部位繼續向上走走看。

$\cdot\ \cdot\ \cdot\ \cdot\ \cdot$

亞瑟：亞當斯對規則 3 也有很好的觀點。他覺得如果可以，永遠不該把利潤還給市場——換句話說，就是保住已有的利潤。他也認為，沒必要再有什麼規則 3。

幽靈：在交易中永遠是賺錢容易守錢難。亞當斯有一些概念很好。獲利之後不能落袋為安是個大問題，這使我們對於規則 3 是否能有交易優勢產生了疑問。我知道有一個交易系統非常有名，但幾十年來從未用到規則 3，直到有一天他們發現，必須找方法用來保住他們能獲得的利潤——至少是保住他們帳面上獲利的 50%。規則 3 確實改變了他們的獲利。

亞瑟：很多交易者都搭上了討論規則 3 的列車。

幽靈：讓大家思考一下。也許我們需要完全獨立於規則 1 和規則 2 之外的規則 3，讓我們能保住更多利潤。需要規則 3 嗎？我現在認為正反各半。你也看到他們對這條規則的必要性、目標還是有歧見！讓我們再聽聽更多意見。

亞瑟：好！這些討論都是絕佳的素材，可以增進套現獲利的效率。看到你的笑容，我就知道你還有更多點子。我知道你

已經有了最終答案——就藏在你電腦的交易程式之中。

．．．．．

　　幽靈： 規則 3 對我來說已經不是一個書面的規則，這麼多年來，它是已經形成的習慣，類似於人的第二天性。你知道，我一直很不認同「市場總是正確」的說法。這是我根據經驗得出的結論。我用這個推論來保護獲利，在流動性不佳的市場裡除去新的部位。

　　幾乎每一個知道規則 1 和規則 2 的交易者，都覺得有規則 3 的存在，他們比我敏銳許多。儘管我只是把規則 3 當做經驗法則，但它確實是一個規則。我們的交易者認為套現獲利有規則可循。規則 3 之所以超越先前的範疇，是因為我們真正的焦點在於：盡可能降低損失，且盡可能保有利潤。這表示要在正確時刻正確套現，而這並不在規則 1 和規則 2 的範圍內。

　　儘管在部位尚未被驗證之前，規則 1 強調迅速停損，但我們還是需要規則 3 來告訴我們，什麼是交易計畫中最有價值的東西。規則 3 告訴我們，何時該質疑市場流動性，也要把流動性這個指標放入交易計畫。我覺得，在原來的交易計畫中加上一個規則會更好，可以告訴我們在不流動的市場裡，為了避免更多損失，該有怎樣的交易標準。

　　我也認為，在市場出現成交量極大的情況之後，獲利套現

的時間點相當明確。大多數情況下，這通常是個轉折指標。但就讓我們依這些指標出場吧。為什麼？因為我們指要得到交易計畫的其他訊號時，可以馬上重新進入任何一個市場。即使可能會因為太早退場，而丟失了部分價差，但長期來看還是利大於弊。我們的生涯規畫，本來就是長期交易的準備。

　　亞瑟：我們還需要釐清適用範圍嗎？

　　幽靈：不用。現在就把規則 3 告訴大家！

※ 幽靈的規則 3

- 在市場**流動性**很差的時候，我們尤其該與多數人對立，假設市場不總是正確。此時，要對所有訊號都心存懷疑，同時等待進一步的建倉訊號。

- 我們應該利用市場流動性差的反面作用，當市場流動性突然湧現，就應該用兩步驟在極高成交量出現的三天內除去部位。首先，至少一半的部位應該在高成交量出現的次日立刻去除。其次，另外一半應該在隨後的兩天內去除。在這種狀況發生時，應該等待進一步的訊號，為下次可能的建倉做準備。

　　幽靈：規則 3 的第一部分強調，在成交稀少或是死水一潭

的市場中，我們應該對所有交易計畫中出現的訊號都保持懷
疑，同時等待那些成交量極小的市場裡進一步的清晰訊號。
在流動性不佳的情況下，一般的市場指標不再會是有效的建倉
指標。由於大多數訊號都是價格指標，你可以看到，規則3允
許你懷疑這些訊號，這是一種很重要的例外情況。雖然也有些
交易程式比較完善，但絕大多數程式在設計中都沒能利用成交
量、未平倉量、移動平均指標來產生交易訊號。

　　我不是質疑全部的交易系統。我只是想用規則3說明：交
易者必須在自己的計畫裡預先設置好市場流動性不佳時的對
策，從而保護利益。

　　規則3的第二部分，為我們確定了獲利套現或去除持有倉
位的標準。這樣我們就知道套現的最佳時機。儘管套現可能會
讓我們錯過後續的價格波動，但我們可以在成交量特別高的交
易日，等待進一步訊號。爆量之後，新訊號很快會出現，而我
們希望依靠這些額外的訊號指引，免於錯誤建倉，並能從中獲
利。

　　別忘了，真正出色的交易計畫，應該能基於市場的具體情
況，持續提供操作訊號。高成交量可能是進一步回落修正的前
奏曲，知道了這一點，我們就可以藉此操作得更順利。許多時
候，高成交量交易日正是牛市中的反轉日。隨時可能會出現重
大事件，導致出現極端成交量。這種成交量異常通常會持續幾
天，使用規則3同樣可以讓這種狀況成為操作優勢。

前面我們說過，在極端成交量出現之後的兩天內，我們應該清除剩下的所有部位。不過重要的是，我們通常會很快地採取行動，不必一定要拖兩天。這額外的兩天幫我們界定出規則的上限。

規則 3 是一個很好的規則，強調了長期交易而不是短期交易的重要性。

█ 流動性之於交易

亞瑟：許多專家會質疑你的規則 3，因為這肯定違背了他們的專業交易程式。大多數系統會要求使用者給一段合理時間，讓系統能長期順利運作。

幽靈：交易經驗告訴我，如果看見周圍每一個人都背上了降落傘，我就要隨時準備好跳傘。難道這時還要逗留原地，四處閒晃看看誰沒有繫安全帶？交易是追逐賽。有時必須要提前起跑，才能跑在市場變化的前端。

你覺得那些交易專家是否會給自己的房子、汽車和健康買保險呢？毫無疑問，他們在關鍵時刻也會有計畫來保護自己的部位。規則 3，不過是在一個已經很好的交易計畫裡，再加上一道安全閥。

在市場成交量特別高或特別低的時候，交易者永遠別沾沾自喜。這時要特別警覺，而我不知道有比除去部位更好的操

作。一旦市場成交量極端化就平倉，你會有什麼損失嗎？重新
進入市場之前，為什麼不等待交易計畫給你另一個訊號？

　　亞瑟：在這種流動性極端的情況下，大多數交易者的想法
都一樣嗎？

　　幽靈：我們不是在一樓（低點）的電梯，就是在接近頂層
（高點）的。很少有交易者會看樓層指示燈。他們只是等著出
電梯，而且不會等太久！流動性就是這樣，它給我們樓層的資
訊，我們由此知道該在哪裡出電梯。

　　我知道「等待」可能帶來的傷害。回想當時，德州富商杭
特兄弟（Hunt Brothers）手上有太多大豆的部位，結果突然得
知自己已經爆倉出局。我舉個例子：有一次我剛剛建好一個多
倉，在短短幾秒內，市場上突然就出現了一堆賣家。那天我在
十秒鐘內損失了一大筆錢，然後我立即平倉了。這天的交易量
大到誇張，市場很快就到跌停板。這種情況下，市場給的時間
太短，回過神已經為時已晚。但在其他許多情況下，某個特定
的價格對你示警時，你還有機會做調整。

　　交易圈的人都聽過這句老話：「心有所疑，就平倉！」我
記得這是引用一首詩。它確實切中要點，不但此刻適用，而且
永遠有意義。如果能及時出局，你當然不會再加大損失。我們
常常需要及時退出。

　　亞瑟：看起來，規則３不但能防止損失，還能防止流失已
經賺到的利潤。一般情況下，你會用多長的時間框架來觀察市

場的這些標準，進而判斷流動性？或者我該稱之為成交量？

　　幽靈：沒錯，我們通常可以將成交量視為市場的流動性。我們正在討論市場流動性正常和不正常的情況，使用平均每日成交量做為衡量流動性的參考指標。但別忘了，我們僅討論極端流動性的不正常情況。

　　觀察極高成交量的交易日時，交易者們可以看見一些效用。在使用規則 3 的過程中，這條規則會逐漸變成第二天性。他們會把成交量稀少的市場看得透徹，知道該做什麼，不該做什麼。規則 3 奧妙絕倫！

　　我們通常會預期這種情勢可能會是趨勢的反轉期，並且在特定事件下，導致特定市場缺乏興趣。有時你讀一些關鍵報告時，也會發現這種情勢的發展過程。

· · · · ·

　　亞瑟：讀完某一些報告，你通常會對部位採取什麼行動？

　　幽靈：依我的經驗，如果看到報告後還犯錯的話，代價會很慘重。在此之後，你需要收穫甚豐才能扳回一城。通常這種報告公布之後，我要考慮的就是減倉，除非報告有體現出部位的明顯優勢。有些時候，你根本無法掌握部位隔天的走勢，所以為何不平倉？大多數交易者都應該平倉，這樣可能會使他們的交易生涯更長久。

　　最近有一位新手交易者問我，關於糖市場部位的問題。我

的建議是，先看看前四天的交易情況——當時我們已經連三天
遇到上升趨勢中的低點。輿論認為糖價會跌，但那天合約價格
卻創高。有了規則 1、規則 2 以及規則 3 的幫助，所有交易者
可以對這類問題有自己的遠見。

　　首先，行為修正必須與規則一致，你的交易生涯才會走得
長久。許多人不得不面對行為修正與本能之間的矛盾。行為修
正是必要的，而你是唯一能改變自己的人。交易生涯就基於這
一點，千萬別置之不理。

　　如有必要，你必須反覆練習，直到操作正確無誤。行為修
正需要積極執行，而交易常常不樂觀。接受小損失並從中發現
正向的力量，會比爆倉出局好得多。在我們教給你的簡單規則
中，請找到積極的這一面。你不必親身走過那一條失敗的慘痛
道路，才能體會那難以言述的痛苦——最後發現，自己根本沒
有試著改變交易行為。

　　我再提出一個想法給讀者：交易跟我們原先所想的不同。
你要盡早發現自己對幻想與現實的落差，並且在現實中改變幻
想。這樣一來，你就能成為你本該成為的優秀交易者。

第 14 章

戰勝不確定性：
三場意外的啟示

三場飛行意外導致了三種完全不同的結果。交易也是如此，在災難降臨時，對保持敏感、計畫完整的交易者，將有足夠時間來排除困難。

　　午夜時分，鈴聲打破了寂靜。我睡眼惺忪，起床接電話，當時我並不知道這通電話有多重要。另一頭傳來了一道熟悉的聲音。

　　「我認為約翰・丹佛的傳記很快就會成為今年最重要的書。就算不是最重要的，至少也是其中之一。亞瑟，我剛剛一直在想著丹佛那場意外。他的歌聲觸動上百萬人的心，包括你和我。我總覺得，可以由那次飛機失事聯想到自己在交易上的一些問題。」幽靈告訴我。

　　「你半夜打電話就是要告訴我這個？」我問道。

　　幽靈解釋：「我知道交易者一定也會對丹佛的意外有所感觸。當然丹佛並不認識我們每一個人，有些人甚至不知道他是誰。但這件事對我而言，具有比其他人更深一層的意義。因為我在交易生涯中，我總是把選擇正確時機視為好朋友。」

▌交易的生死存亡

　　「交易者在交易生涯中，總要面對丹佛在他的最後一次飛行中不得不面對的情形。」幽靈繼續說道：「我不希望交易者在交易時一定要面對同樣的窘境，所以我必須讓他們明白。總會有一些不確定性，如果事先沒做好準備，那麼這些突發事件可能會讓他們永遠無法再交易。」

　　幽靈似乎想要說服我，但我早就知道幽靈是掌握交易時

機的專家。如果你在凌晨兩點接到電話，毫無疑問，打來的一定是朋友。還有誰會在這種時間打電話來，把你從沉睡之中叫醒？當我接起電話，我突然發現，幽靈不僅僅是打給我，也是打給幽靈所有的交易者朋友。

「亞瑟，我希望你一定要把三場飛機失事的事情寫下來！首先是丹佛的（約在 1997 年 12 月），你弟弟寄給你的那篇文章裡寫的；另一件是我親身經歷的。雖然我不了解失事的技術問題，但這和生命息息相關，其實也與交易密不可分。我們必須警告交易者，要為任何不確定性做好準備。」

「關於丹佛和我遭遇的意外，我曾仔細尋找答案，卻一直沒有結果，直到我得知最近發生的另一場意外——有一位醫生在機艙一氧化碳外洩之後，仍然自動安全著陸，我才意識到意外和交易之間的相似性。」幽靈接著說：「這與交易的相似點太多了，亞瑟！我在自己遭遇的飛行意外中，面臨了和丹佛一樣的窘境。我倖免於難，因為我當時的高度夠高，有時間做正確判斷並挽回局勢。很可惜，丹佛沒有足夠高度來爭取時間。而那位醫生別無選擇，他當時遇見了特殊情況，甚至根本就沒有決定的機會。」

「三場都是飛機意外，結果卻不盡相同。醫生吸入了一氧化碳而昏迷不醒，他根本沒有選擇的機會，但他活了下來。丹佛看起來是因為汽油閥門損壞而失去寶貴的生命。我則是搭上了引擎失靈的飛機，但由於高度夠高，讓我們有足夠時間去修

復閥門，最後安全著陸。我們有時間決定著陸地點，丹佛卻沒有。至於醫生，他的飛機自動著陸，最後活了下來。這三個意外都是同一性質，但具體情況又各不相同。」

「你理解我的意思嗎？」幽靈說道：「交易也是一樣。」

一個月前，我看見幽靈在論壇上詢問汽油閥門的相關問題，當時沒有多想，直到他現在提起，我才恍然大悟。我開始明白幽靈的想法了——有時候，市場不會給你足夠高度去挽回局勢。又有時候，市場對你不利，你卻還是有足夠高度去幫你的部位選擇一個好的著陸點。也有少數時候，你不能選擇在哪裡著陸、如何著陸，因為事態根本就無法控制。所以，幽靈這一通凌晨兩點的電話，打得真是意義重大。

幽靈從不贊成論資排輩，也不認為自己一定比別人優秀。他一直是彬彬有禮的紳士。他想把想法深刻地傳遞至朋友的心裡，我怎能不寫？他希望盡己所能幫助交易圈中的朋友，避免他們遭受失敗的無情打擊。將意外事故與交易連在一起？我無法質疑這種不尋常的觀點，因為有時我自己也喜歡跳脫傳統思維。

我們把這三場飛行意外的觀點寫下，你也應該記錄自己的。

幽靈很少提起自己的那場意外，但這件事一直縈繞他內心。丹佛在意外中，面臨別無選擇的困境。如今，還突然發生了醫生那場意外，理論上他根本不可能活下去，卻仍然活了下

來。幽靈一定認真研究過這三場意外，最後得出一些結論。他總是用精闢的見解來剖析事件，最終得到正確結論，現在當然也是如此。

生活中的許多事情都關乎交易，生死存亡也是如此嗎？

「好吧，幽靈，」我說：「反正在凌晨，這件事剛好是你心上最重要的事，我們就開始吧。但要從哪裡開始？」幽靈說他會把想法打在電腦上，然後由我加以整理潤飾。我同意，然後就回床休息。

讀者可以想見，幽靈整晚沒睡，熬了通宵。一旦有了想法，就要讓暢快淋漓地表達出來，不要有所局限。這也是幽靈教我的事。

▌意外、反應時間與系統

幽靈認為，這三場意外顯然與交易中的不可控事件極為相像。我們接下來會看到事件的比較。

這三場意外的主角分別是約翰・丹佛、醫生與幽靈自己。那位醫生的飛機在汽油耗盡之後，自動在密蘇里州著陸，著陸時醫生已失去意識。幽靈經歷的那場意外則不同，飛機的引擎失靈時，飛行高度在5,000英尺之上。我們來比較一下。

第一場是約翰・丹佛的意外。幽靈非常關注其中兩點。第一，在飛機起飛前，丹佛借了老虎鉗去擰汽油選擇閥，閥門不

在他右手下方的正確位置，而轉到他身後的左肩上方。這導致他的右手不得不離開飛行操縱桿，費力地去轉動閥門，進而造成駕駛困難。

第二點最令人討厭。狀況發生時，飛機離地面的高度少於500英尺。由於情況緊急，根本不容許有一丁點時間思考，因此一切行動必須出於第二天性的反射動作。但丹佛的飛行時數太短，在這麼短的時間內做出的反應最終還是無法挽回。

第二場是機師醫生的意外。他的飛機由於排氣系統故障，一氧化碳進入機艙，於是他當場昏厥，而飛機轉入自動導航。當時他正由西邊飛往位於堪薩斯州的托皮卡（Topeka），結果原本150英里的航程，他飛行了超過300英里來到了密蘇里州的莫伯利（Moberly），直到燃料耗盡。但令人驚奇的是，飛機竟然以自動駕駛安全著陸，此時醫生仍昏迷不醒。

那位醫生最後只斷了一條胳膊，如果飛機燃料足夠再飛半小時，他血液裡的一氧化碳濃度就會是50ppm而不是35ppm，也就不會活到今天。再者，如果當時地形稍有不同，那麼飛機就會粉身碎骨，而不是安全著陸。

第三場意外，是幽靈原本不願多談的親身遭遇。飛機在大約5,500英尺高度，引擎突然停止。當時情況十分緊急，需要立刻做出判斷，並且決定著陸點。由於高度還足夠，使幽靈有充分時間決定最好的著陸點。

三場意外中有兩個當事人倖免，即兩架飛機安全著陸。其

中兩位可以控制著陸，另一個不省人事卻活了下來。而另一位（丹佛）在號稱最安全的飛機裡丟掉了性命。寶貴的生命之所以失去，是因為當時海拔高度太低，留給他的反應與行動時間不足。

・・・・・

三場意外全都無法預料，而且當下的狀況也超越了駕駛所能掌控的範圍，依據個別情況，結果也各有不同。幽靈希望深入探討。

原本幽靈在自己那次意外中，一直沒有發現學習的價值，所以他長久來不斷思索這件事出現的原因與意義。他總是覺得，其他人在討論意外時，總是想著應該歸咎於誰，而不是思考其中的價值——這也是丹佛發生空難時，新聞媒體對待他的方式。我理解幽靈，許多人確實只顧著指責當事人，卻從來不想找到真正的答案。

建倉那一刻最關鍵

幽靈一直想探究他那次飛機出事的解答，他找到了一些，可以用來處理生活或交易中發生的不可控事件。如何將這三場意外與無法控制的交易事件整合，他的解釋如下：

我們在生活和交易中，或多或少要面對自己無能為力、或幾乎無法改變的突發事件。我們必須隨時為此做好計畫和準備。機師學習飛行時，總是不斷練習緊急著陸，我們在交易上也可以做同樣練習。

雖然這世上會一再出現類似的情形，但根據現實狀況，我們會得到完全不同的結果。我們當然想要最好的結果，不過事情有時會完全超出了我們的掌控範圍。

交易中的第一種情況，是飛機在起飛之後，處於不利於你的高度。在交易中，這象徵市場還沒有證明你的部位為正確。此時只要一個突發事件，可能會產生極為糟糕的結果，你只能在缺乏高度的基礎上盡可能著陸。

第二種情況是部位被證明是正確的。這類似於飛機處在相對高一點的高度。如果意料外的事件發生，你可以更從容地選擇、決策，例如找一個更好的著陸點。在這種情況下，你完全可以控制局面，避免交易變成災難，最後在一片空曠地帶安全著陸。

第三種交易情況，我們先來看看第三場意外的背景。你處在一個十分有利的高度，同時又有自動系統相助。你的部位沒有問題。突然之間，你的交易失去控制！幾個小事件就可以導致這種情況，例如：你的電話不通；塞車讓你困在路上，你無法找到經紀人；出現大新聞！市場被漲跌停板鎖定，你不能及時下單；報價機出了問題……諸如此類。

上述的所有狀況，正如你在飛機上一氧化碳中毒而昏迷。你無法改變什麼，因為事態不受你控制。你無法做什麼來改變結果，因為結果只會是它原本就該有的樣子。

如果交易之初找到最佳「高度」或是佔了先機，你可以比較有機會，從一個突發的糟糕事件中恢復。許多交易者希望自己的交易呈現出「贏」的訊號，但當他們無法從中獲得這種訊號時，就什麼都不做。他們等著市場把他們清除出場，證明他們是錯的。被市場證明錯誤而掃地出門——這種情況比許多人想的還糟。

你必須了解：驚奇和意外會導致市場變得比你所準備面對的還要惡劣。你必須練習緊急降落，讓你在良好的部位中恢復。在不確定性造成的局面下，你無法透過持有壞的部位恢復。

如同醫生的飛機會自動著陸，你也可能這麼幸運。畢竟，斷掉一隻胳膊比一命嗚呼好得多。就我所知，交易者是唯一會在市場歸還一半本金時還很開心的人。當交易者拿回損失的一半，就好比你恰巧看見你的飛機油料耗盡，接著啟動了自動系統而安全降落。

幽靈認為，你建倉之後的那一刻最關鍵，此時你必須保持高度敏感。因為知道有停損點的保護，所以在建倉時可以無牽無掛——這種交易者有多少？當政府公布失業率的時候，市場從你的停損點往下做了大幅跳水，情況又會如何？聽從幽靈的建議吧！這種事情真的會發生。不要讓未經證明的部位讓你一

摔不起。

　　一次壞的交易可能變得更糟──幽靈不解的是，為什麼對很多交易者來說，理解這件事竟然如此困難。幽靈希望你們能看出丹佛的意外帶給他的沉痛思考，他希望你們一生平安。你能從這三場意外聯想到交易嗎？把想法寫下來吧。幽靈希望你無論何時，都能為各種可能性提前做好準備。

第 15 章

你的交易計畫

即使掌握最棒的規則，沒有交易計畫就無法施展。
如何建立完整計畫？如何篩選指標？這是交易中最
重要一環。

　　幽靈決定，是時候將《期貨雜誌》論壇的文章告一段落，好收錄於《華爾街幽靈的禮物》，並在線下繼續完成他這本回饋計畫中的處女作。論壇上有些分歧意見，但只是因為大家不確定幽靈未來的計畫是什麼。

　　這本書無疑十分成功，而且廣受歡迎。成果超乎預期，幽靈十分欣慰。有些人認為，論壇上應該要有一個讓幽靈與參與者永久對話的天地。但幽靈覺得，是時候站到一邊，觀看努力的成果了。

▍做好守備，也別錯失打擊機會

　　交易是辛苦異常的工作，每一個交易日都必須凝神研究。幽靈有許多自己要完成的計畫，但什麼都比不上這項計畫帶給他的成就感——小交易者在幽靈的指導下，成功擊敗了強勁的對手。

　　交易峰迴路轉，能到達頂點的只有少數。目前為止，我們只討論了一小部分。長時間立於不敗之地，是交易者的頭等大事。但是，如果缺少了一些必要因素，例如交易計畫和系統，交易根本無法順利進行。

　　市場上有五花八門的交易計畫和系統。一個人認為有效的系統，卻不一定適合另一個人，因為他們建立部位的位置、平倉位置各不相同，即使差異可能非常小。

在幽靈的規則下，交易者們運用了同一個系統。這就是幽靈希望看到的結果。幽靈規則要求小交易者要比口袋深的交易者更為迅速敏捷，因此多少翻轉了他們在交易競技場上的劣勢，而取得較佳位置。

只有保本，不然小交易者難以生存。小交易者們有能力做到，但必須運用技巧。想達成目標，你必須嚴謹遵守規則，且對自己有正確理解。沒有發現需求就會很難吸收，畢竟，幽靈規則要求交易者像個懦夫，如果沒看到市場證明為正確的訊號就逃跑，以求長期生存。

這與職業棒球其實沒有太大差異：如果你錯失打擊機會，接下來就會到另一邊去守備。你知道如果能一直持續阻止對手（市場）的分數比你高，那你就還有機會。

你必須運用直覺，同時加上大量實際操練，才能逐漸磨練出反應力。只知道規則遠遠不夠，你需要自行思索如何活用正確的規則。同樣，你也要在事實沒有證明部位正確的時候，活用及早平倉的規則。

如果感覺自己將市場的行為、反應操之在手，就可以開始我們的交易計畫。只要為做足準備，並且有辦法根據不同情況去修正行為，就可以開始遵循一個好的系統。

除了關鍵的起始規則，幽靈想告訴你一些重要步驟，可以讓前景一片光明。他在本章分享了多年來的交易心得，例如尋找切入點、建立部位的方法，以及如何提高建倉的起始優勢，

此外也談一談有關系統進場建倉和交易訊號的想法。

▌獨具優勢的計畫

　　所有交易者都以為世界上有一個最好的系統，但即使有，這個系統也有失靈的時候，這就是為什麼我們需要幽靈的規則。糟糕的系統也可能產生一些好交易，夠幸運的話就可以保持正確。交易系統都有各自的缺點。

　　許多交易系統在設計上，都會引用大量歷史資料進行回測，在進行保證金交易時，都假設使用者有足夠資金繼續交易。幽靈仔細研究過這些系統，他看見運用回測做為建立系統標準的困難程度。

　　交易者常常被情緒左右，因此對全局視而不見，這是系統失靈的主要原因。究竟哪一種系統最好？幽靈曾經想過，哪一些系統可以讓你比較容易在交易市場上存活下來？是哪一些？

　　要完整理解本書大部分的內容，你會需要額外的閱讀材料。幽靈的洞見會引發你去進一步發問與探索，這絕非偶然。讀到現在，你依然與我們在一起，這比什麼都重要。

　　你正在獨立思考，讓你今後的交易變得更簡單一些。被市場奪去財產時總是令人沮喪。想得到更好的結果，就要走向市場等待著你探索的地方，拿取知識並活用規則。

　　休息一下，喝一點喜歡的飲料，拿出本子準備做筆記。幽

靈將會針對你的交易計畫，提供一些很好的建議。

　　你的交易計畫將提供進場的訊號，而幽靈的規則可以讓你及時變現，並在下跌時保護資金。那還有什麼好談？如果幽靈規則在這個輸家遊戲中可以保護資金，而你還有好計畫做出好交易（如果沒被證明是好交易則退出），你就是讓部位受到良好保護。

　　正確的心態比較能抵抗貪婪與恐懼。你要是「精於自己行為動機」的專家，而你的動機最好是保護自己免於巨大虧損，不只是當下，你每次交易都要如此。你必須把這想成是個人的不良習慣——惡果最後總會在一個時間點爆發。

　　幽靈會去檢查你們每一個人的對帳單。如果他發現了這種情況，你要跟他好好解釋。他看著你的時候，你一定會感覺領帶太緊，臉面發燙，一整天都會心裡不舒服。他希望你有更多收穫，他在乎你，而你必須在乎部位處於不利狀態的每一分鐘。

　　你能在交易中獲得豐厚收益嗎？這是你需要回答的問題，幽靈不會替你回答。只有不賠大錢，而且不讓善變的市場牽著鼻子走，你才可能有豐厚收益。你只需要對自己證明，然後讓績效說話。六個星期之內，你就可以重新給自己打分數。

　　你可以走上正確道路，不是因為你賺了多少，而是因為你的損失很少。我們都知道很多成功的交易者，賺錢對他們來說實在沒什麼。但他們時常忽略或從沒搞懂一件事：賺錢不難，但保住這些錢很難。

　　既然你可以理解賺錢不難，那為什麼會不懂要避免本金損失呢？我認識一個交易者，他是我看過最大的輸家，而他在進入趨勢明顯的市場時，也拿過好幾個月傲人的績效。你應該聽過「亨特兄弟白銀大崩跌」的事件。這種事隨時會發生在不願最小化損失的交易者身上。別讓這條規則成為你的遺憾。

・・・・・

　　以下是幽靈的心得，以及他對於交易計畫的最新詮釋。

▌幽靈的交易筆記

　　每一個交易計畫中，應該都要有一個給你優勢的元素。這一優勢就是決定你成敗的鑰匙。場內交易員的優勢在於他們在下單取得先機，這樣就足以讓生存更長時間。

　　我的規則不是交易計畫，但要讓計畫有效，規則是不可或缺的。對我來說，規則能給我信心，讓我知道自己有能力、且一定能生存下去。這種保證是所有交易計畫的靈魂。如果知道自己能生存，那構思計畫時會更容易。

　　儘管在其他人的眼中，我的計畫或許看似太前衛，但市場的趨勢只有三種。你一定會問：「第三種是什麼？」相信我，你只要等個幾天，市場就會出現場外交易者從未想過的情況。這應該能告訴你市場的第三種走向。

　　我沒有在論壇上提到第三種走向，因為我不想讓新手迷惘。我沒有要你自己推測，我會告訴你真實狀況。

　　好的交易計畫必須同時考慮第三種市場走向。那麼這第三種走向一定異乎尋常嗎？不盡然！

　　市場可能前進的第三種走向，就是我們希望在交易計畫中獲得的優勢。一個跟隨趨勢然後跌破支撐或衝破壓力的市場，也就是宣告很多人要平倉或被迫停損──這個市場會變成你的朋友。交易計畫中最強烈的訊號，就是市場同時出現兩種方向，一方面顯然沿著趨勢運動，卻同時顯露出與趨勢交易者順向建倉相反的狀況。有幾支基金就是充分利用這個訊號才斬獲頗豐。當然，還有其他的標準。

　　噢，你說你一直都是大趨勢的跟隨者，為什麼要在趨勢的早期就舉白旗投降？讓我來告訴你哪裡錯了！沒有盡早離場就是天大錯誤。如果你對超越支撐點或壓力點的趨勢深信不疑，那麼巨額損失就將是你的回報。市場不是靜止的，你必須明白。你不但要平倉獲利，還要準備朝反向操作。你必須在你的交易計畫中，為這種情況制訂準則。

　　在你的交易計畫中，有兩種情況可能帶來優勢。第一是市場突然發生令人驚訝的變化，第二是市場往第三種走向。突然變化是因為當日有突發事件，不幸的是，一般大眾面對這種狀況很少能及時建倉獲益──當突然發生變化時，方向已經改變了。

　　大眾很少能調整自己的部位，因為他們一開始不能在正確的位置平倉。你必須善用這個知識，避免在同一種情況下屢被套牢。

　　建倉時，不管市場看起來有多麼牛氣沖天或者熊氣逼人，每天都會有一個好的位置讓你平倉。但多數情況下，你很有可能無法找到該位置。你會發現，它很少如你所願出現在趨勢中，這就是為什麼你每天都該有平倉計畫。

　　那麼，我們怎樣將這個平倉位置放入交易計畫裡？如果是點數圖，你會經常看到沿著45度線的支撐點和壓力點。一條好的趨勢線會在壓力和支撐的位置上經過多次測試。幾次嘗試之後，某一個反轉日將會突破這條線。你會在這個位置上遇見許多停止單，而停止單又會吸引更多委託單進入交易所。隨著價格繼續下跌，又會有更多委託單要求平倉。

　　行情第一次突破這條線時，你不能呆站著不動。就算趨勢很可能反轉，你還是最好做停損，然後在反轉時補倉，才是比較穩健的做法。

● 為「第三種走向」做好計畫

　　一些最大的趨勢變化，總是發生在長期穩定趨勢中的支撐點和阻力點被突破之後。把這些標準納入交易程式，成為計畫中最成功的一步。

　　讓我說得更清楚些：這就是市場趨勢的第三種走向。市

場必定是沿著趨勢的方向運動，然後突破支撐或壓力。這和市場的突發變化不同，不同之處在於，如果起因是市場的突然變化，一般是因為市場順著消息移動了一陣子，隨後無以為繼而產生反轉。有時，突然變化也可能是因為輿論一面倒，而沒有更多交易者用部位來回應輿論方向，於是市場會很快轉到另外一個方向。

　　不論何時，你的計畫都必須包含市場的意外事件。我經過多年研究，發現一般的市場突變總是與開市時的行情方向完全相反，只有某一個特別的市場除外（你得靠自己才能找到這個市場）。這表示，你可以透過交易多個品種，擴展交易範圍，從而制定不同計畫。如果你交易五種不同的期貨，然後發現了只有其中一種是我說的例外，你就會擁有優勢。

● 注意開盤價與收盤價的異常訊號

　　關於市場的突發意外，我不想誤導你們。如果開盤時高開，收市時價位也比昨天高，但比開市時低，就是我說的市場突然發生變化。另一方面，如果開盤低開，而收盤價比開盤要高，那也是一樣。好好研究開盤和收盤的價格，但不用考慮收盤是高或低，只需考慮開盤就可以了。

　　這種突發變化可以帶來巨大獲利。為什麼會這樣？因為多數高手不但在大多數人之前平倉，而且在其他交易者開始用停止單平倉時，就已經轉到反向了。你應該製作一個資料圖表，

仔細研究這個想法，並且納入計畫。

　　一開始，市場有開盤價，之後相對開盤價還有收盤價，你的研究應該輸入這些資料。那麼，在過去六個月你發現了哪些事？在明顯趨勢中發現了什麼，在趨勢不明朗時又發現了什麼？試著量化這些資訊化，或用圖表來呈現。

　　你會看到，在某些市場條件下，開盤價對收盤價有很大影響。場外交易者從新聞報導得知市場訊息，他們覺得這些資訊有一定的可信度。有些交易者通常只是知道開盤價、最高價、最低價或收盤價。大多數情況下，開盤價通常都是壞消息。從開盤和昨天收盤的差價中，我們時常可以預見收盤時的方向。

　　在發生巨變的開盤局面之中，如果你已經做了錯誤決定而沒能保護部位，就會很難挽回。如果剛好是在開盤價上獲利了結，那你應該暗自慶幸，但你還是要一如往常地聽從計畫的指示。如果計畫要求你在高價開盤後就立即平倉，那就算你碰到市場巨變的上漲情況，也要照例平倉，等到行情走勢符合交易程式標準時，再返回市場交易。

　　一般來說，如果在開盤出現高開，你會在開盤區間得到支撐。因為這個開高的價差，隨著新單不斷湧入市場、順著相同走勢推波助瀾的時候，就像是邀請專業的交易者繼續往同方向前進。

　　一樣要注意的是，開盤時如果出現了跳空突破，你也不要犯錯。觀察並研究市場發生的事。市場總是會出現多空激烈對

峙，因為有許多交易者要套現。充分利用這一點，在這種情況下，讓這些套現獲利者成為你的獲利好朋友。

我們當然要研究昨日收盤價與今日開盤價的差價，因為這是你在開盤時的判斷指標，而且能在瞬間改變多數計畫。每天執行時，都要利用你收集的差價資訊，讓跳空的出現成為可能選項。

回到我們前面說的第三種走向。許多人以為這是行情走在頂峰或谷底，但它不是。第三種走向，是你對於市場告訴你已經存在的趨勢的理解。這種走向缺乏連貫性，而且可能會在趨勢的某一點反轉，通常發生在支撐點或阻力點被衝擊和突破之後。所以，每天你都要特別留意計畫中支撐點和阻力點的位置。

不論何時，總是要考慮到市場第三種走向的可能性，因為它所產生的趨勢，通常是市場中最強力的走勢。假如你錯過一波明顯趨勢，你還是可以等待脫離當前趨勢的第三種走向。一旦第三種走向產生，不要等到支撐或壓力被觸及才開始交易。準備好這些價位，放入你的每日交易計畫。

● 與交易系統互補的計畫

絕大多數交易系統除了預測建倉位和平倉位，不會提供其他標準。因此，你必須更進一步。你有信心當然很好，但一切都要完整。

計畫完整的交易系統並不常見，但還是有機會。我認為在選擇系統時，最好是在系統之外有另一個計畫。主要是因為，

你的系統可能有時會讓你一陣子都做不好，這時你就需要過濾掉失敗的交易，用我的規則來保護利益。

你可以同時尋找交易系統，以及完成交易計畫。你一定有辦法找到所需的標準，在執行時讓兩種情況並存。

許多系統的發明者都會勸你，一定要時時刻刻使用他的系統。但如果發生了無法預料的事件，有序的市場突然一片混亂，這時又該怎麼辦？你要如何繼續使用原來的系統？所以我要求在一個交易系統之外，還要再加上一個交易計畫。別忘了，生存規則高於一切。

所以我們常說，最好的系統，就是可以讓你在整個交易日做其他活動不會綁手綁腳的系統。我們也說，生存法則比交易系統重要得多。不過，沒有交易系統的話，你一樣無法有效建立部位。

你也可以把「生存法則」稱為「資金管理」，想在市場中生存，就別輕易拋下其中一個。你只有做長期交易，走得夠遠才可能成功。請注意，長期交易不是長線交易。長期交易可以讓你有機會（不論是現在或將來）待在場內採取正確行動。如果你的目標只是為了在今天賺錢，那你還不如去買彩券。

• 資料要即時、指標要簡單

不論你選擇哪一個系統，一定都會有缺陷。所以，你應該選擇的是可以時常檢驗最新資料的系統。六個月內的資料就可

以很好地反映出市場的頭部，如果系統能分析過去五十年，卻不能分析最近六個月，那等於沒有用。我希望有一個系統可以回測兩種資料，一種是海量資料，另一種近六個月的資料。

如果你自己設計系統，也要比較長期資料與六個月內的資料。有衝突就必須修正，才會是你更好的訊號發報器。如果無法修正，就要同時使用這兩套數據，並且在發現衝突時，將兩者都捨棄。對於你的交易訊號來說，這會是很好的篩檢過程。誰說時間不會像市場那樣有週期性變化？這也可以成為你的優勢。

更多情況下，當你發現不同指標之間有衝突，那你最好捨棄它們。通常大波段發生在你所有指標一致的時候。不要犯下這種錯誤：設計太多指標給自己。你擁有越多指標，要注意的就越多，交易就越難做。這很可能導致你持有部位的時間過長，因為你入場建倉已經晚了。

多數系統不會給你當天內的反轉訊號，而更傾向逐日給出訊號。你需要讓你的程式在趨勢反轉時，為你標記出第三種走向。

不要逞英雄，也不要使用一個要你逞英雄多待一天的系統。這種系統會讓你發現自己錯失了反轉訊號，得到的只是反彈。結果將因此改變，有時還會讓你的系統失效。所以這也說明了，為何你需要在交易系統之外準備一個計畫。

• 能過濾訊號的計畫

你已經知道交易計畫的大部分，但還不完整。每一個不同

市場，都有特有的資訊要輸入，例如季節性的趨勢、數量、未平倉合約以及其他因素，這些因素還有不同的期貨合約，各自呈現不同的特點。

　　你的交易計畫可以有一樣的輪廓，給個別期貨進行微調即可。記住，你只需要一個相對簡單的交易計畫。交易系統則可以複雜一些，因為它可能包含移動平均指標或其他指標。試著別用太多滯後指標，因為我們談論的是將來，而不是過去。選擇領先或具有預測性的系統，以應對市場的瞬息萬變。

　　你想要用哪一些訊號交易？你要用自己的計畫避免被市場牽著鼻子走。你的交易系統可能要求買強、賣弱或開盤買入，但我不喜歡這樣交易。你的計畫應該要可以過濾訊號，讓交易執行成為你計畫的一部分。你可以有兩種預設的可能性，只要其中之一可以確保你會跟著你的訊號走。它只會單純改變你的進場位置或節制建倉數量。

　　系統不會知道你建倉之後市場會有什麼變化。但你的交易計畫知道，那就是你的優勢。這不是事後諸葛，而是你在進場建倉時蒐集資料、並靈活運用的結果。系統可能接二連三給你訊號，但這表示你一定要在訊號出現時加碼嗎？你的交易計畫要可以解答。我偏好三次加碼，但你要有自己的想法。

　　我希望以上內容對你的計畫有幫助。想法永無止境，但你必然需要彙集整理，讓一切變得簡單。

第 16 章

第二套計畫

計畫總會碰到例外！頂尖交易員隨時準備好第二套
計畫中──他們會在其中納入直覺，找到可能的反
轉，成為交易中的驚喜部分。

正當你感覺自己擁有了開展或持續交易生涯所需的一切，你會發現自己仍有一些問題。我們會針對這幾個重要的未解之謎，找到幽靈的看法。像是以下這些問題，或許也在你的腦海裡：

- 當你在滑鼠墊上打翻飲料，飲料為何總是輕易就滲入其中，但好的交易方式卻很難進入我們的腦海裡？
- 我該用什麼系統交易？
- 我該買個好系統或是創建屬於自己的？
- 我該怎麼交易才不會總是淪於老是在追逐市場？
- 為什麼我最後總是持有壞的部位，但卻很少持有好的部位、跟上大波段？

除了你的問題，我們還會詢問幽靈一些他從一路走來都還存在的交易問題。答案通常來自各種觀點。要理解問題，其他觀點會有幫助。要做出好的決定，也要先有許多好選項。

交易難道不像買聖誕樹嗎？我們是否看到第一支就買下？或者這個法則只適用於我們買第一間房子？而我們要換車時又該如何：有什麼方法或計畫呢？我們該買每個人都想買的那款車嗎？或者，應該買一台沒有其他人想買的車子？

在交易生涯之中，這種問題無窮無盡。我們將會試著觸及其中一些比較重要的，不會每個問題都談——那樣可能會寫成

另一本書。這些都是幽靈的見解，有時並不一定吻合每一個人的想法。

· · · · ·

▌要聽哪一種聲音？邏輯或直覺

亞瑟：幽靈，有哪些交易問題你覺得是重點，應該要深入回答？

幽靈：我想提的一個重點是，有時即使是最聰明的腦袋，也無法正確交易。他們無法每一次都掌握所有答案。但當他們沒有答案時，我們卻感到失望。我們應該要知道，對其他人來說正確的答案，並不代表對我們也正確無誤。

這顯示出，無論經由他人指導或自我學習，蒐集正確的資訊是很重要的面向。在獲得正確資訊之後，要學習的其餘部分就是行為修正。這在行為修正一章已經提過了。

我在此想說的是，不知道正確答案又怎樣？承認我們不知道，接著透過必要管道去找答案。我們無法知道所有答案，也無法在每個領域都成為專家。即使最聰明的人也沒辦法知道。

亞瑟：我知道有幾個人，他們什麼都知道！

幽靈：他們的交易生涯一定不長，是吧？在交易中，知道所有答案仍然不是完整的過程。我們時常中知道邏輯性的答

案，卻不知道直覺性的答案。然而，面對許多交易情況，我們不想要邏輯性的答案，而想要直覺性的答案。要使用哪一種？這是大多數交易者最困難的決定。

我相信至少90％的交易者輸錢，而且接近80％的交易者在交易時邏輯大過直覺。那麼，你現在要如何看交易？你難道不會更關心直覺的那一面，並且加以研究嗎？

你記得我數度提及「第二天性」嗎？我的意思其實就是直覺。直覺可以源於已知的邏輯推論，但不受到情緒影響。這是我們擁有的一種感覺。有時，我們無法用推理或邏輯的計畫來解釋這種感覺。

加入直覺的元素會使交易看起來更完整，或在你心中打開思考的另一扇窗？有些交易者不想錯過任何一個波段，所以不論直覺怎麼告訴他們，他們就是持續買進。其他交易者看見市場的波動，結果不願加入，因為直覺告訴他們，這樣剛好買在高點。誰是對的？

直覺交易者會比邏輯交易者好嗎？你要如何知道？又該如何證明？

這些是我剛開始交易時的問題。我找到屬於我自己的正確答案，但未必適合其他人。

▍執行：交易最重要的事

幽靈：我猜你想知道我對於邏輯或直覺交易的看法。我不期待所有人都同意我找到的、屬於我自己的答案。有個詞我一再告訴大家，而那個詞是回答這個問題的關鍵。

你可以利用這個詞多加思考。它就是「**執行**」。

我看見有個廣告，說可以讓你再也不用擔心買在高點、賣在低點。對任何陳述，有時你都可以找到例外。同樣，你需要一套篩選系統，幫助你在交易中找出例外。

當然，你有時必須要買在高點且賣在低點。如果我期待市場反轉，就常常這麼做。為什麼？因為我使用一個我稱之為「不良部位中的最佳部位理論」——我形成這套理論，是因為我學習到，我做過最好的那些交易，通常來自於清除自己持有的壞部位，然後在市場中建立起正確部位。比起市場的其他價格區間，這種情況更常發生在高點或是底部。

有些最大的波段自逆轉處發生，而如果你錯過了切入點，這會使得你開始猶豫是否要建倉，因為波段的漲幅越來越大，而你卻錯失了起漲點。最糟糕的情況莫過於，當你有個計畫，卻沒有照做並建立部位。為什麼事情總是如此，每當你滿倉，而部位卻不如預期，然而，好的部位卻從來不受影響？這種情況其來有自。

我總是說：要挑選區間而不是價格，確切的價格無法持

續不斷。當你有自己交易系統的訊號時，挑選一個價格區間建倉會比較容易。大多數人認為平倉的部位是最重要的。但你知道嗎？平倉的部位很重要沒錯，但最重要的其實是一開始切入的建倉部位。有多少次你下單時，拿到了所想要的價格，但倉位是沒有填滿？比你想的次數要多！大多數交易者也是同樣情況。

當知道了大多數的交易者在市場下了單，但建倉部位都沒有完成，這告訴你什麼？沒有經驗或資訊不足的交易者，是市場的大力支持者以及與市場反向的造勢者。為什麼我要這樣說呢？大部分交易者依照市場的下單來操作，這是很自然的事。情況會像是：你想在268點買10口十二月玉米期貨，因為那是支撐點。毫無疑問，那當然是支撐點。到了明天，價格一路來到275，你開始問你自己，為什麼你只會在價格一路下去時才會填滿倉位。

你看出我想傳達的訊息了嗎？**執行**！你必須確保自己每一次獲得訊號，都按訊號建立起對應的倉位。任何從你指縫中溜走的訊號，都將是你的資金部位。市場從不等人。如果你每天交易數百萬蒲式耳，那麼你應該擔心多出四分之一美分的部位。

執行是你建立部位時最重要的一步。儘管計畫才是整個交易中最重要的，但執行才是你建立起部位，實現計畫的動作。

如果學習正確使用規則1，當你收到訊號時，就可以徹底執行，再也不會擔心或猶豫。你會發現，交易者必須認真對待

所有訊號，並確保市場允許你進入。你覺得建立部位最好的方法是什麼？答案取決於許多因素，例如你有多接近市場、你的報價有多準確，以及你的訂單有多快進入場內。

你必須要確定，你的部位隨時都可以全部建立！再怎麼強調也不為過！這句話最不幸的一點就是它完全正確。建立部位最不幸的地方在於，大多數交易程式、系統是依價格行動，所以常常建立過多或過少的部位。有時候，會因此讓交易者在成交量最少的時候買在高點或賣在低點。

你該如何確保所有部位都依訊號妥善建立？我可以告訴你一個方法，或者你可以想出一個屬於你的計畫。最好的計畫？當然得要是你自己的。我的職責只是告訴你該做的事！

你必須根據市場的特質建立對應的部位。有時你必須買高賣低。你該如何知道何時要買高賣低？所以你必須隨時準備好兩套計畫。我猜大部分交易者都有一個計畫，如果他們錯過該建立的部位，那天的工作就告一段落。那些交易者只會用下單撐住市場，而從未將部位建好，你應該要比他們聰明。他們幾乎沒有賺到錢，但是你可以。你看到市價單支持著那些等待建倉的下單，他們卻沒辦法把部位建立，直到他們錯了為止。同樣的事情發生在價格高點！你為什麼也會想那樣建倉？

你的其中一個進場計畫永遠會是下市價單。其他的下單就會根據該市場的性質，進行各種聰明的操作。我們知道，每天都有高價和低價，以及其中產生的差價區間。你很少會買在低

點，然後賣在高點，所以就別花費心思在這上頭了。你的第二
套建倉計畫將會根據以下事實：在一天的範圍內，較佳的流動
性傾向於發生在時間經過一半的位置。

如果可以，你當然不希望自己追在市場後面。這就是你要
有兩套計畫的原因。你的市價單是你想執行的計畫，直到它無
法達成為止——好比「請給我一杯汽水，但如果沒有汽水（有
時沒了），則請給我一杯水（到處都是水）」。對於大多數交易
者而言，這是非常基本的。

▌兩套計畫才趕得上變化

幽靈：比較進階的做法，是隨時擁有兩套進場計畫。有
些系統會要求你一次建立部位。好吧，那是市價單。如果那個
系統是如此精確地要求你一步入市，那就丟掉其他計畫吧。其
他系統可能會要你下收盤市價委託單建倉。好吧，執行非常重
要，那你別無選擇，在那個時間點你只能有一套計畫。

通常在收盤前最後一個小時，我會知道我要做什麼。這會
比在收盤時進場有更多時間。大部分的進場點為何糟糕？因為
系統是依據你如何得到市價以及市場資訊而設計。沒有系統會
給你你完全買不到的資訊。這就是你的巨大劣勢。

舉個例子，如果市場中有一千名當沖客，你幾乎可以確
定，他們會在當日的最後一個小時建倉。如果市場向上，你覺

得他們最有可能如何建立部位？依此類推，如果市場向下，他們最有可能的建倉部位又是怎樣？多或是空？

我想你應該能懂。重點是，在他們平倉時，市場上將會有某種波動。你會希望在建倉時利用這種波動，從中找到優勢。

你不想追在市場後面，但你也不想錯失獲利機會。因此，你的兩個計畫涵蓋你所輸入市場特徵的一切基礎。如果每一天，市場傾向給你一個價格區間，舉例來說是15點，那麼當市場已經上升15個價位檔次時，你肯定要非常小心。不過只要小心一陣子就好，千萬別錯失波段。同時運用你的「依市價計畫」執行一段時間。這會有點類似於停止單（stop orders），我得說這是停止單最好的使用方式。

具體上如何運作？例如今天進入交易的第一個小時，你獲得一個買入訊號。你的兩個建倉計畫現在都準備好了，等待適用的時機來到。第一個計畫告訴你，用市價買入，但你想要最後再使用這個計畫。好，所以你暫停那個計畫。而其實你在做的事，就是暫停你的停止單，然後試圖買入。第二個計畫是，在你進入的特定市場容許的情況下，盡可能使用各種聰明的方式下單。

你知道買入訊號會根據強指標，而當價格觸及時，停止單價格將一路向上。很多時候，你遇到幾個買入波段，這會是你的優勢。有時候，你只遇到平原期，那也可以。運用你的第二計畫，根據計畫中的標準做為建倉和價格的準則，但再多

做一件事！在原先的下單上頭，再往上兩個價位處加上觸價單（MIT Order）！這將會是你丟錢出去的經驗中，最棒的一次。你必須確保自己持有部位，但要智取。你就是該這樣做。

經過一小段時間，你的倉位仍然沒有填滿，你會用第一個計畫，下市價單以補滿部位。那就這樣吧！你仍然認知到，在市場中獲得各種訊號時，你已確保了自己倉位的建立。

請記住，如果你沒能建立起部位，那麼你的行為似乎就是「只在馬上確定犯錯時，才想建立部位」。如果你沒能建立倉位，那麼市場可能會讓你大失所望。市場起飛而你沒跟上的事情總是會發生。下停止單！把停止單做為你得到訊號進場建倉的最後手段，如果需要，請務必這麼做。

▍反向建倉的訊號

幽靈：現在做個調查！你們有多少人曾經錯失進場？別讓同樣的情況再度發生！

在你得到訊號之後，現在我們已然將你的部位建立起來。目前為止很不錯，但接下來呢？如果部位的表現並不正確？你得到了一個熟悉的「該出場了」的訊號。既然部位不正確，那麼不良的部位會有什麼重要意義？

不良部位（一旦我判斷沒被市場證明為正確）的重要意義在於，它為你提供建立正確部位的最大機會。這樣的情況通常

發生在頂部或底部。你發展的交易程式要能在某些時刻（非所有時刻）反向建倉，這樣才能達到目的。

多數情況下，好的部位（而非不良部位）就是將手上持有的部位平倉。其他的時候，最棒的部位就是逆轉原先的部位。你的交易程式應該加強這塊。

何時該反向建倉？我們觀察牛市中的有效範圍（effective range）。只要牛市強勁，我們預計牛市將在大多數上漲日內繼續增加有效範圍。當市場開始突破，你通常會看到所謂較大的有效範圍。

有效範圍不過是經紀人的夢想。市場會走到一個階段，反轉，走到另一個階段，再反轉，直到你得到一個小範圍內非常大的價格震盪。買進遇到賣壓，賣出遇見搶進，這種來回震盪在一個壓縮的範圍內，會在市場中出現許多次。

在熊市中，你的有效範圍可能會因為量的缺乏而消失，而且價格也因此不會擺動。即使你處於熊市，在正常狀況下最終也會產生底部反彈而導致上揚。如果遇上交易量消失，你可以尋找熊市裡可能的反轉。

我發現自己反向建倉的部位，通常是交易一開始我直覺不想建倉的那些。對我來說，這樣運作很順暢，因為我知道我對於自己不同意的部位的解答。這讓我能接受所有的訊號，即使我不同意這些訊號。因為我知道，如果先前建的部位沒被證明為正確的話，我真正的想法容許我除去部位、反向持倉。

期貨漫談論壇上的交易者寫道：在最困難的位置建倉，通常是最正確的。對於大多數交易者來說確實如此。那也是為什麼你必須接受所有訊號，並準備好在不同意訊號時，根據直覺執行反向建倉的計畫。直覺是你的朋友，因為它就是你心中警覺的標誌，但你不該讓它帶著你完全脫離計畫。

邏輯的計畫通常是一個系統賴以發展的基礎，而直覺常常被忘在一邊。對我而言，交易中直覺的那一面，通常是令人驚喜的那一面。你必須擁有你的直覺計畫搭配可預期的邏輯系統。

關於我先前提到關於邏輯交易與直覺交易的問題，你即將看出我的解答。我不覺得自己偏愛哪一個，兩者都有其重要性。真正的答案，藏在我為自己的交易發展出來的系統或計畫之中。也許這也是你的答案。至少在我的交易計畫裡，我必須兩者皆有。有時直覺性的計畫率先出現——通常是在頂部或在底部。動作要快！我在直覺部分的操作非常迅速，以避免較大的虧損。

你必須讓直覺成為計畫中驚喜的那部分。有多少次你懊悔：「我就知道。」沒錯！你確實知道。學習運用那種直覺，以及使用的時機。我無法告訴你全部，因為我不是你。所有交易者都感受過直覺的重要性，知道它重要無比。

現在你知道如何建立起好的部位，並且不會被錯誤的部位困住。當你得到訊號時，必須**確實執行**！

亞瑟：我覺得，關於如何運用兩套計畫進入市場，你該多

講一些細節。兩套計畫帶給你什麼幫助？

　　幽靈：重點就在於執行。在這個概念上，我認為思考自己的交易更重要。進場持倉是為了要有絕佳機會擁有好的部位，以及那些永遠不正確的部位。

▍選擇交易系統，導入幽靈規則

　　亞瑟：在交易生涯的初期，交易者應該先用哪種系統？

　　幽靈：首先，必須是他們完全理解的系統。交易者無法用一個自己不熟悉的系統，還期待能正確交易。如果不完全理解各種訊號，以及這些訊號的來源，那麼操作時就會產生矛盾。在有些系統上，或許因為沒有適當揭露交易進場和出場的條件，問題便因此產生。

　　除非交易者深入理解那些複雜的系統，否則應該要往簡單的方向前進。根據我的規則，你會更容易判斷，而且，只要執行時不會遲疑，簡單的系統一樣可以非常有效。大多數時候，他們選擇的系統都是一個折衷方案。我當然想要一個系統，可以帶來最少虧損、最大獲利，並且在最短時間內達成。

　　亞瑟：你想要的也不多，是吧？

　　幽靈：我不是要表示輕率，而是有了我的規則後，這種目標其實比較容易實現。當你選擇了特定系統，要確認可否成功運用幽靈規則。

　　好的系統還有別的條件，就是關於流動性的篩選。不過我們有規則3，選擇系統的條件因此寬鬆一些。當然，為了確認波段，該系統應該具有某種內建的波動率指標，以及未平倉量的數字。

　　該購買商業系統，還是設計自己的系統？我會建議你應該聚焦在價格資料，不論是包含在系統之內，或者附在系統之外。你需要價格與圖表資料。沒有這兩者，你會遭遇很大的困難。

　　亞瑟：我曾看過有些系統號稱「每天只要10分鐘」。對於這些每天花少少時間看盤的系統，你覺得如何？

　　幽靈：我不會排除它們！我的意思是，你需要資料來驗證每個系統的有效性。沒有資料，你無法對任何系統做評斷。

　　亞瑟：那麼其他交易者或從業人員的長期交易建議呢？

　　幽靈：你應該記得，我說自己無法背負盛讚。之所以有這樣的感覺，是因為我就算知道過去曾經發生的事，也無法說出未來的事。我還知道，我比起那些專家更常改變心意。專業交易者如果經常改變，那麼他們會很難說服自己的客戶。我喜歡改變自己想法的奢侈感，大部分專家都無法享受這種尊榮。

　　我記得有一天——就在一天之內，我收到了六次反轉訊號。你覺得，如果你正在幫助一個交易者，結果他那天看到你時，你每次都在改變操作方向，那他要如何理解你的行為？

　　我說過：「交易不是一條不可能的路，卻是一條孤獨的

路。」這就是另一個原因。這條路必須是這樣。你要具備勇氣，才能無時無刻做出正確操作。優秀的顧問或許擅長給建議，但在當下，給建議與做交易之間其實有衝突。我不接受這種衝突，有些人或許可以。對於大多數新手來說，沒有收到衝突的建議會比較好。

即便我能告訴你，每一筆交易我在做什麼，你也不會照做。當我執行我的交易操作時，你永遠也無法即時置身在我的情況之中。我們必須擁有根據自己的系統去改變部位的自由。我的規則容許這樣的思考存在，讓我做出正確的交易。

好的顧問通常交易基金，而不是提供個人建議。顧問的工作比我的難多了。你只要想想，你該如何解釋「80%的交易者在交易中損失並且犯錯」，就知道有多難了。

我不是跟顧問們唱反調，只是就我所知，他們面對的局勢相當棘手。你選擇了最好的顧問，但永遠會有其他人因為一些原因而不滿，這是交易世界中大人鬧小孩脾氣的那一套。我敬佩在這個領域堅持下去、克服困難，最後成為領導者的人。

同樣的論述也適用於系統的銷售商。他們的好壞取決於用於回測的數據，而一般都是用過去資料來預測未來價格。任何單一事件的發生，就能改變一切。我猜這也是為什麼，停止單在多數系統中都扮演要角。

我認為，「別過度交易」的重要性大過一個好的停止單系統。但大多數交易者都沒有紀律維持夠小的交易，這樣一來停

止單就沒有什麼效果了。每個人都想在這個遊戲中突然致富。為什麼？這在我腦海中非常遙遠。你能想像透過交易瞬間致富嗎？要透過交易致富只有一種方法。

亞瑟：什麼方法？

幽靈：運用你交易程式的訊號進行交易，用規則1保護你的部位，並且當交易計畫告訴你加碼時，運用規則2加碼。此外，必要時運用規則1或規則3進行套現獲利或平倉。然後，一而再、再而三地重複上述做法，直到你建立起你需要的自信。到了那時，你可以開始思考比較大的交易。然而切記，當你還未能對自己的交易擁有全盤自信之前，還是按部就班吧！

第 17 章

執行交易：
排除不理想的下單

下單是執行的關鍵，高手下單時如何做到知行合一？

　　幽靈總是會耐性十足地回答交易者的問題，但他在涉及下
單方法或是定價這一類問題時，總是十分謹慎。他認為自己有
必要多做一些研究，因為對交易者來說，下單時的情況太複雜
了。

　　幾個月以來，《期貨漫談》論壇上有一些問題重複出現。
總是會發生一些事，讓交易者猛然下單建倉之後，才感覺持有
部位不佳。幽靈知道，多數原因在於交易者誤解了不穩定行情
下的市場運作，而這種誤解源自於知識貧乏。

　　絕大多數的交易者會把下單持有壞部位歸咎於經紀人。這
種想法會嚴重地阻礙他們成功，除非他們發現為什麼自己會在
波動的市場持有壞部位。我們將列舉幾種情形並加以說明，希
望對交易者下單持倉的操作上有所幫助。

　　許多交易者不會去研究經紀人下單的相關情況，幽靈認為
這是錯誤的第一步。他經常記錄自己與經紀人的下單、執行、
以及委託交易報告，以此研究下單的整體情況，如此一來，他
可以對一個委託交易單的優勢和劣勢保持清明。

　　在交易生涯的早期，記錄並追蹤交易下單很重要，是交易
者理解如何下單的好機會。在交易執行中，由於當下的價格波
動性不同，選擇下市價單、限價單（price orders）、或停止單
會產生不同的急迫性與滑動價差（slippage）。了解市場波動性
的改變，可以幫助你找到應對各種情況的下單方式。

　　進入某些交易經驗與具體結果之前，我希望幽靈能先提供

他對下單的看法。

　　人們有時忽略了一些關於下單和定價的重點，此外，幽靈覺得有一些誤解也需要探究。

・　・　・　・　・

　　亞瑟：關於下委託交易單和市場價格，你能分享你在交易職涯中觀察到的寶貴經驗嗎？

　　幽靈：就讓我們從一個尋常交易日的開盤、收盤以及中間過程開始說起。不論你如何下單，你都會發現，市場在交易日中總有一些時間段的活躍性比其他時間段突出，這造成每天有不同的波動範圍。

　　早在 1970 年，我就連續觀察到，有位交易者在每一個新高出現時都會競買。我問他為什麼這麼做。他回答說，一天之內可能有許多高點，但真正的高點只有一個。

　　如果仔細想想，你會發現他所言不虛。每當你追高時，當天很可能遲早會出現新的高點。如果用這種方法追高，你必須是一個場內交易者，並且運用我所說的規則來獲得優勢。之所以有優勢，是因為在價位的最高點和最低點，通常市場的成交量最低。只要在一天交易結束時回頭看看成交量，就能發現這個事實。如果成交量稀少，市場價格就容易被推得更遠，直到活躍性重新加大。儘管成交量在高點和低點最稀少，而一天之中會有許多新高點和新低點，但這些位置都不會在收盤時顯示

出來。我們永遠無法確定，一天當中的哪個高點或低點是真正的高點和低點。

▎被市場捉弄？操作時的誤差

幽靈：論壇上有一些交易者向我提出質疑。比如，其中一篇文章談到場內交易員獵殺停止單（gunning for stops）的問題，這其實是個迷思。場內交易員不會特別針對停止單下手，那只是他們慣用的交易方法。如果你是場內交易員，知道在高點和低點時成交量稀少，而且交易者建倉的方式錯誤，那你會怎麼做？真正有錯的是那些交易者，他們在停止單價位沒被觸及時，就追高殺低。換句話說，你不會想在自己犯錯時，買到高好幾個檔次的價位，甚至買到快要接近當日最高點的價位。這就是一般大眾會做的事，即傾向把停止單的價格設得比當天最高點還高。

我不認為論壇中交易者的看法錯誤，我只是覺得這件事很有意思，市場會時不時在部位上捉弄交易者。這確實讓人費盡心思，我們得好好想一下，為什麼場內交易員要獵殺停止單。場內交易員很擅長把損失降到最小，然後緊跟著大趨勢走。這就是場內交易員相對大眾投資者的優勢。

為了能夠修正糟糕的進場，要先搞懂這個問題：為何像是市場這樣的系統，有一種證明大部分的人是錯的傾向。交易者

們的想法沒錯，停損可能會把他們踢出場外。然後，市場會整個反向回頭，按照他們出場前的預期方向前進。由於這可能發生，所以光是這樣，你就應該依據現實狀況調整交易計畫。尤其在你打算進場建倉的時候，這個概念格外有用。

　　我沒有真正喜歡用停止單，交易者當然需要保護自己不受大起大落的傷害。不過場外交易給大家帶來一個問題。在波動的市場中下停止單，並不能給你太多保護。但如果你了解了停止單的原理以及為什麼它頻繁出現，你絕對可以制定出更好的交易計畫。

　　如果得到我想進行方向的訊號，例如我通常會在交易日的最後一小時看到新高點。如果我收到要賣出的訊號，例如通常是賣在最後一小時出現的新高點，系統會要求我的部位被證明正確，即市場會在新高點或新高點之上盤旋一小段時間。這樣做並不是讓我在停損時蒙受損失，而是因為新高點之所以產生，是由於當沖交易者的追逐、場內交易者出場，或是由停止單在交易日的尾聲執行錯誤的買入所產生。要讓部位被證明為正確，市場必須證明該新高產生的理由，就如同我先前說明的那樣。

　　由於一些當沖交易者、場內交易員以及錯誤的賣出，導致原本價位比市場價格更低的停止單走得更低，使得當天快收盤前市場一路下滑至底部。這在交易中是很自然的事，但大部分的交易者們對此沒有充足認知，更別提新手了。

　　我個人認為使用停止單的另一個大缺陷在於，交易者會誤以為他們可以從價格反向的變動中獲得保護。當市場處於流動狀態，使用停止單確實可以有很好的效果。但經常發生的情況是，如果公布一份重要報告——例如，每個月的失業報告——債券市場和匯率市場就會有非常大的反彈。因此，有時可能連續幾個支撐點或壓力點上沒有任何流動性，這表示短時間內就會發生巨額損失，一直到停止單重新有機會執行。

　　請記住，不論市場價格何時碰到了停止單的執行價格，那都是一個市價單。許多交易者會埋怨經紀人在停止單預定的價位上，沒有及時執行。然而，如果在停止單的賣價上沒有任何出價要買，他們又怎麼能幫你操作？如果經紀人手裡的每一個停止單的價位都一樣，而且沒有交易者或下單願意反向承接，你的經紀人又要怎麼辦？每個人看到的都是同一個圖表，停止單的價位往往都集中在同一點。

　　在一份重要報告出來之後，停止單對每所有人來說都成了可以任意榨取利潤的免費遊戲。如果我沒說錯，通常在我需要擔心市場反轉、獲取利潤之前，會有三次可能的波動。為什麼我不能在與我看法相同的報告公布後，去競買最低價？如果市場在報告出來之後沒有大幅下跌，我會一直在部位上增加籌碼，直到我看到壞的賣盤進入為止。壞的賣盤指的是交易者設立的空頭停止單，多頭停止單也是同樣道理。

　　如果理解停止單的缺點，你就可以制定更適合的交易計

畫，來保護你自己，這就是規則1的目的。如果你不想用扔銅板決定是否出場，那麼你的標準還要包含平倉的內容，這在重要報告公布時也可以派上用場。

　　讓委託單順利執行的另一個時機，是在開盤時使用市價單。對有些交易者而言，光是報價器顯示報價的方式，就會使訂單的執行很糟糕。有些報價器顯示出來的開盤價，其實是昨天夜盤的開盤價，而第二天的開盤價可能相去甚遠。

　　許多系統都會使用前一天的收盤，做為系統資料以及開盤時的部位情況，並發出訊號示意使用者建倉。光是這一點就會有大幅扭曲。如果你準備買入，而你剛好在交易所，那建倉情況可能會不錯。不過，或許交易所另一邊有價格高於你的大委託單。經紀人的工作就是負責在開盤時執行指令，有什麼報價就買，沒有時間仔細挑選最便宜的價格，因為他們太忙了。

　　舉個例子：你想買一台電腦，而且你確實用當時的報價買了，我問你為什麼不再推遲六個月，等價格剩一半的時候再買？答案很簡單：因為你現在就需要！交易也是一樣。你開盤的市價委託單表示你現在想要買入，而不是等價格下降或上升時才執行。

　　只是因為開盤叫價比昨天收盤低4美分，你就可能下達一個開盤買入指令。這表示你會買到這一天的最低價嗎？不，你更可能會買到最高價。如果市場變化更快速，你的買入價甚至會比當天的平均價格高出五到十美分。在12章提到的柳橙汁

例子中,你可能會在開盤的幾分鐘之內,沒有任何的賣單。

　　交易者為何下達不正確的下單指令?通常這是因為他們對下單缺乏理解,很少是因為經紀人執行錯誤。

▊下單後的兩分鐘:交易所實錄

　　幽靈:另一個不正確的觀念是,「經紀人只為了他自己交易」。我的經歷告訴我,在流動性極差的時候,經紀人的行為往往只是為了增加市場的流動性。經紀人是部位交易者,不同於當沖交易者和搶帽客,他們的主要工作就是先滿足你的下單指令。

　　從另一方面來看,訂單執行結果產生巨大的滑價的原因,包含報價延誤,以及經紀人將你的指令傳達到交易大廳的延遲。由於經紀人要花時間回到交易桌旁、把委託單傳到交易大廳,然後再交給另一個在忙其他委託單的經紀人,你的訂單會有一定的時間落差。然後跑單員要尋找你的單子,再把你委託單執行完成的價格回報給你,剛才的流程得再重複一次。

　　有時你不知道自己的委託單已經執行了,因為跑單員再次把單子遞進交易所之前,他找不到你執行完成的委託單。我的建議是,如果你必須知道訂單是否執行過,那乾脆撤單!這樣的話,跑單員就必須請經紀人從交易桌上撤回指令。如果確實執行,單子就不會在那裡,必須讓跑單員去找。有時,新的跑

單員還搞不清楚狀況，不知道如何在成堆文件中尋找已執行的委託單。

新手看到堆積如山的單子會束手無策，場內經理給他們指點——那就是，先把委託單遞到交易大廳，然後過一陣子再關心是否執行。

如果要給這些過程跟執行方式評分，通常客戶與交易新手只會給一分（滿分十分）。你欠自己一個公道，該去親眼看看委託單的流程，並且了解過程必須要被交易所和經紀人嚴格執行。相信我，這無論時代都是一樣的。

以前大豆第一次高於 4.44 美元的時候，我將委託單送到交易大廳，要求在價位達到 4.44 時賣掉我的多頭部位，結果我的賣出價格最後是 4.32 美元。我仔細研究了當天所有的買賣報價，因為我想在一次壞交易之後徹底解決問題。我發現，問題通常不是經紀人大意，而是因為我不在交易廳，因此不知道我下單前的二到十分鐘發生了什麼變化。

▌交易者的迴響

幽靈：亞瑟，我覺得我們需要一些激盪。我不太喜歡這一章，這個主題有些枯燥，但我知道交易者必須懂一件事——在市場不景氣時，實事求是會比究責還要困難。

亞瑟：好吧，讓我們開始交流！

· · · · ·

短短幾天內，我們收到R.H.的評論：

　　幽靈，感謝又是精彩的一章。你所信奉的觀念是：除非經驗豐富，否則弱小者總是會遇到最糟的情況。我試著闡述自己對這一章的理解。

　　在追蹤委託單的時候，除了時間、價格及成交量之外，是否還需要其他的資訊或統計資料？

　　在「狙擊停止單」的概念上，我自己和其他人的經驗是，狙擊停止單時會產生一個快速的反彈，並且一旦價格觸及停損價位時，場內交易員就做反向沖銷，價格逆轉擴大，這麼做似乎本身就成為一種策略。但你的解釋好像是：狙擊停止單並不一定是一股集中的力量，而是由於一些場內交易員在錯誤位置上建倉，因此在流動性低的地方做沖銷時，市場波動迫使這些停止單執行。

　　當市場證明大多數人錯了，觸及到他們的停損點，結果又朝著他們原先預料到的方向發展——規則1就是為這種情況設計的。如果你建倉之後，市場對你不利，規則1就會沖銷這個部位，讓你在短時間內再次建倉（舉例來說，收盤前最後一小時），而不是再次用停止單在當日極端價格之外建倉。因此，規則1可以讓我們再次建倉（例如在11／2日價

差之處），而不是在空倉之後又看著市場朝我們原先預期的方向揚長而去。

至於在停損和重大報告發布這方面，我想知道，是否有其他方法可以預見糟糕的買入或賣出，而不只是和其他人一樣看著同一個圖表？

再次感謝，你為我們清楚描述市場的實際運作情況。

亞瑟：幽靈，R.H.的問題不少，我們應該回答他的問題。關於跟蹤委託單，他想知道除了時間價格等因素，還需要了解什麼資訊？

幽靈：最好的方法就是記住負責你單子的電話操作員的名字，還要知道是哪個跑單員把單子送進交易池。對我來說這很容易，因為大家都知道我會要求這些資訊，來保證委託單順利進入。

我喜歡掌握資訊，因為我想證明，除了個人因素之外，其他都是下單的迷思——純粹的迷思。由於市場變化太過迅速，或是新消息層出不窮，下單的其他交易者多數時候都搞不清楚狀況，只知道自己建倉出了問題。

但有果必有因，我每次都能找到執行不順利的原因，而且我發現這確實是我自己造成。可能我下單的時候，無法得到最新消息，或者不知道當時市場流動性。那我們怎麼可能隨時知道情況？做不到！

　　看吧，我們有多擅長為自己找藉口，而忽略了一個事實：我們本來就是無知的！我認為，在這個問題上鑽牛角尖，認為處理方式有失公平，只是在浪費時間精力而已。我是可以自己填所有的委託單，但我很清楚，如果我把單子交給專業經紀人的話，操作的情況會更好。直到現在，還有許多交易者都不懂這個道理。

　　追蹤委託單時，大多數情況下你都能知道成交時間和成交額，但真實情況是，如果你的指令是現價指令，它可以在任何價位和時間範圍──例如在兩分鐘內被執行。那麼，你見過市場在兩分鐘內的變化嗎？當然見過！市場可以在兩分鐘內天翻地覆。

　　你如何才能在這場遊戲中勝出呢？如果下的單子夠多，那麼整體而言會是勝負平均。如果你只下了一些單子，那很快會發現自己的境況很糟：在市場準備改變方向時下單，緊接著一切發展都不利於你。

　　你已經看清了市場趨勢，可是單子進到場內的時候，市場就已經開始變化了，然後你的反應卻慢一拍。你下單時，你接到的報價和交易所內的喊價、出價都不一樣了。這中間總有一個落差。我會根據交易圈內觀察到的具體情況出價叫價，但一般投資者做不到。雖然你手上的單子可能都很不錯，但如果你交易數額不大，執行才是最重要的一部分。

　　好吧，答案就是成交時間和成交金額了，其他功課要自己

做，你該自己負責審核你的經紀人、跑單員和電話交易員。好的經紀商可以讓你事半功倍，但開盤時就不一定了。在閉市試試吧，記得做好記錄。我把這件事想成，我雇人執行委託單，包括進入場內，以及在場內執行。

亞瑟：關於R.H.對狙擊停止單的觀點，你有什麼看法？

幽靈：我不想隨便評論，但他確實把我的意思表達得很精準。沒有什麼要補充的。

亞瑟：另一個關於停止單和重大報告公布的問題：除了看大家都知道的圖表以外，是否有其他方式可以看出錯誤的買入或賣出？

幽靈：我知道他為什麼這樣問。在交易所內，想看出走勢很容易。而在場外，你會時時繃緊腦袋，了解市場內為何發生各種情況。經常發生的情況是，人們一窩蜂地進行交易，而一旦建倉完成，市場才得以喘口氣，然後波動逐漸減少。

我們之所以知道建倉錯誤，是因為市場上缺乏後續追加的力度。如果不在場內時，我們必須覺察缺乏後續追加的情況。這通常出現在高點和低點，因為慣性交易（momentum trading）會造成迅速波動，有時還會產生非自然的波動。

我建議一定要留意波動的速度，然後在適當時段內關注後續追加的力度，每種市場的反應略有不同。R.H.對我的交易方法與規則1理解得很準確。我在交易日最後一、兩個小時進行交易的規則，也是一種後續追加的標準，整合了當沖交易者

截至收盤前一小時的操作的全部知識。對我來說，在建倉時抓住反彈才更有能量。

實際上，我用於交易的各種系統可以寫上一、兩章、甚至是一本書。當然，我不會把所有內容都寫進去，不過那些內容也足夠幫助大多數交易者。

亞瑟：關於執行委託單，你還要補充其他的情況嗎？

幽靈：沒有了。我認為交易者都應該自己研究，以建立觀點。我無法幫他們定義他們心中的執行不佳。他們必須自己排除那種狀況，才會有足夠自信將挫折置於腦後。

．　．　．　．　．

亞瑟：你在協助我寫這本《華爾街幽靈的禮物》時，十分慷慨地和我們分享寶貴經驗，交易者們對此非常感激，他們都很想知道這本書之後還有什麼計畫？

幽靈：你知道當我看了這麼多回饋，我就已經得到回報了。我已經看見這本書的影響力。

亞瑟，我們該回過頭來，以觀察者的身份好好觀察一番。

亞瑟：意思是說，我們的計畫已經要結束了嗎？

幽靈：亞瑟，你知道這個專案並沒有結束。我在你桌上看到一片光碟，封面用紅色字體寫著「華爾街幽靈的禮物」。我們做得很棒，沒人會懷疑。我希望交易者都能強大。就我們目前所見，他們在交易中已經有了許多真知灼見。

你知道我一向敬佩小交易者，而且對他們心存期待。他們應該成功，我不知道需要多久，但他們一定會讓人跌破眼鏡。

我認為，下一步是指出「金礦」的位置。我對新年第一週將要發生的大交易一點都不驚訝。你可以看看達雷爾‧約布曼（Darrell Jobman，前《期貨雜誌》編輯）的新影片。只要在網上訂購，光碟會在兩天內送到你手上，除非你想花時間自己摸索。

亞瑟：我看你有達雷爾的書，裡面有附上光碟，你覺得內容如何？

幽靈：水準一流！不愧為達雷爾。

亞瑟：我們也會為《華爾街幽靈的禮物》製作成光碟嗎？如果是，要多少錢才能買到？

幽靈：只要交易者們需要，我就會這麼做！當然製作和銷售需要成本，這取決於交易者的判斷，然後這就會是價格。只要可以支應製作和銷售成本，其餘的就給他們決定。

亞瑟：接下來呢？

幽靈：我的觀察力還算不錯，我了解我們的交易者，有些人也了解我！我相信小交易者們可以更好。隱藏身份反而讓我更醒目，但這樣對小交易者比較好。持續保持。雖然有很多邀約，但我想看到更多的小幽靈成長。

亞瑟：那麼就告一個段落吧！感謝！

附錄

幽靈的聖誕禮物
反思生命規則的時刻
當我們失去丹佛

〈附錄 1〉
幽靈的聖誕禮物

在幽靈眼中，最偉大的交易是一段偶然的人生旅程……

亞瑟：幽靈記得自己交易旅程中曾遇見的人，也沒忘記他開始回饋以來見過面的朋友。他一直覺得可以給大家更多。他認為自己才是真正的受益者。

我記得，幽靈所得到的最高讚譽發生在一次重要聚會上。一位侍酒師幫聚會主人倒了一杯紅葡萄酒，並打算為客人倒上一杯。出於禮貌，幽靈接過酒杯，讓侍酒師為他斟上。酒杯快滿的時候，最後幾滴濺到了幽靈的白襯衫和西裝。

那位侍酒師大聲致歉：「先生，真抱歉！我該服務得盡善盡美！」

幽靈轉向那位侍酒師，對他說：「我才應該為大家服務得更好，感謝你的提醒。」

幽靈也想盡善盡美，他也感謝在實現目標的過程中，交易者們給予他思想上的靈感。總有一些偉大交易者被大眾忽視，他們之所以偉大，不只因為財運亨通，也因為他們在生活中有

收穫。

　　幽靈有次被一個景象深深打動：那是一對失去家庭一員的
父子──他們失去了家裡的愛犬，而他們的朋友們紛紛表達出
關愛和不捨。打動幽靈的不僅僅善良，他在其中看見美好思想
的力量可以不斷擴大延伸，不斷感染他人。儘管交易環境冰冷
又嚴峻，交易者承受時間壓力和緊張氣氛，但市場上的他們仍
然是活生生的人。

　　幽靈讓我寫下他的交易歷程，是希望告訴大家，交易和生
活應該要有平衡。交易會攝取你的靈魂，讓靈性變得無情。但
生活可以修復內心的善良，讓你重新找到善良和友愛。幽靈想
讓你看到他對你的期許。

　　毫無疑問，人類大部分的生活與交易無關，同時大多數交
易者都認為人類行為對交易沒什麼用處。真的如此嗎？在失去
寵物的例子中，90%的交易者在他們交易的過程中容忍這種討
論，就算是觀點不同的人其實也有貢獻。

　　幽靈在你的旅程中展開他的洞見。有些事必須學習，或者
換種說法，有值得學習之處嗎？他的故事從聖誕禮物開始。

· · · · ·

　　幽靈：在交易生涯中，有不少交易者讓我印象深刻。令我
訝異的是，我記住的不是他們在市場裡獲得的巨大成功，而是
他們在生活中那些了不起的事蹟。一些是他們犧牲寶貴時間互

相幫助的故事；也有他們在生活中對別人無私奉獻的事例。我看到最多的，是交易者們所體現出來的兄弟情誼。

　　我想與你們分享——這就是我們這個世界的偉大交易者。在這世上，最強大的東西就是愛，比死亡更強大。當我努力在事業和生活中找到平衡，我發現了其中一個問題：與死亡擦肩時，是什麼東西能指引人們重新積蓄力量？我希望和你分享答案。

　　我有個交易者朋友，我認為他是交易者的典範。他的妻子向我講述了他的一次交易典範。在我們進入這趟旅程時，由於主角並不想被公開身份，所以我們不會透露他的姓名。

　　那是1979年的平安夜，一艘美國海軍油輪上的兩個船員剛剛結束當值。這艘船停泊在韓國釜山的一個港口，準備把油卸到岸邊的倉庫。這兩人的平安夜不可能和家人團聚了，所以他們決定另做安排。晚上八點鐘，兩人坐小船滑向岸邊。

　　兩人都帶了裝滿東西的大袋子。其中一人有點不安，認為背這麼大的袋子上岸可能會被認為是走私客。另一人覺得，這雖然會有一點風險，但因為正逢平安夜，如果被查問到，解釋起來可能會容易些。

　　上岸後，兩個人步行了大約兩英里，肩上的袋子也越來越沉。寒冷的冬夜，身處一個完全陌生的國度——但他們為了實現自己的計畫，背著沉重的袋子，繼續蹣跚前行。

　　這兩個人來到一棟房子前，發現院門沒鎖，於是走了進去。迎來的女舍監看見兩位陌生訪客，便請他們進屋坐下。沒過一會兒，一群孩子嘰嘰喳喳地說著韓文走進房間。在這裡，孩子們很少見到外鄉人，尤其是兩個金髮碧眼的外國人，所以對這兩位客人非常熱情。

　　一名船員名叫普萊斯頓，另一名是我的交易者朋友。因為小孩全都不懂英語，所以他們只好用破破的韓語和孩子們交談，怪裡怪氣的發音惹得大家哈哈大笑。

　　交易者朋友的妻子告訴我，他吸引了兩個小孩的注意，一個是十歲的男孩，另一個則是六歲的女孩。

　　孩子們努力地重複一個發音類似英語「one」的字，可能想告訴我的朋友他們會用英語數數吧。那個女孩盯著他們一言不發，而那個大一點的男孩卻喋喋不休，或許因為在平安夜遇到兩個美國人，所以特別興奮。

　　「袋子裡裝的是什麼？」女舍監問道。

　　「你們等等就知道了。」這兩名水手說：「先讓孩子們喝點東西吧。」然後，他們發給小朋友一些飲料。

　　普萊斯頓從其中一個袋子裡，拉出了另一個袋子。孩子們瞪大了雙眼，以為大概是魔術，小女孩的眼神更是好奇。接著，他們從袋子裡取出幾塊炸雞（船上的平安夜晚餐），然後在孩子們面前啃了起來。突然間，孩子們的眼神變得失落，因為這些孩子平時很少能填飽肚子。

　　這些孩子從未見過炸雞，更別提吃過了。隨後，他們把炸雞塊遞給了一個又一個孩子，大家都細細品嘗著這種香噴噴的驚喜食物。大袋子裡有很多食物，沒過多久，孩子們都吃得飽飽的。享用點心的時候，十歲男孩舉手向女舍監問一些問題。

　　時間對孩子們來說是有點晚了，但因為是平安夜，所以可以晚點睡。不過，這兩名船員必須回去了，因為他們要趁著凌晨三點的漲潮安全出港。大概午夜時分，兩個人回到船上，那時油已經卸空，正準備開船。

　　船開動時，我的交易者朋友淚水湧上眼眶，他忘不了那些在飢餓中的孩子們，和自己在平安夜帶給他們的小小快樂。他花了這一點時間，而得到的禮物是滿滿的感動。多年以來，他一直認為這是他做過的最好的「交易」。

　　過了十五年，時間來到1994年10月。在一次乘船旅行中，我這位交易員朋友的妻子遇上了可能會危及生命的事。他們遠離家人，在孤懸海面的一艘輪船上，情況十分緊急。

　　我朋友在船上到處尋找《聖經》，但不知為何，這麼大的一艘船上竟然找不到一本。這艘輪船每週都會從波多黎各發船到紐約，這次停靠在紐約的時間是星期六。當這艘船到達碼頭，有個陌生男子得到許可上船，並且走向我的朋友。

　　這個人伸出他的手，然後說道：「我姓權（音近one），這是你要的《聖經》！」

　　「什麼？」我的朋友很驚訝，他根本沒跟別人說過這件事，

對方怎麼會知道？一個陌生人走上船，遞給自己一本已經找了整整一星期的《聖經》！

我朋友吃完午餐了，但他問權先生是否願意留下來吃午餐。權先生問：「你剛才在船上吃些什麼？」

「今天吃的是炸雞。」我的朋友告訴他。

權先生說炸雞是他最愛的食物，可惜他也已經吃過飯了。然後，權先生開始解釋為什麼炸雞是他的最愛。

「我從韓國來到美國。」權先生說：「我向上帝發誓，我會盡力給予別人生活中所需要的東西。」

我朋友問他，為什麼會把自己的一生奉獻給幫助他人的事業？

權先生說道：「在我十歲時，我妹妹六歲，是我這世上唯一的親人。我們都是孤兒，從小生活在釜山的一個孤兒院。在1979年的平安夜，我第一次遇見我生命中的上帝。那是一個寒冷的平安夜，我們生活十分艱難，從來沒有足夠的食物來填飽肚子。每次我們上床睡覺時，肚子總是空空的。

那天晚上大概九、十點鐘，女舍監搖醒我們，叫我們跟過去。我們去了餐廳，坐在一張桌子旁。天氣冷得要命，我和妹妹不得不坐在離爐子最近的地方好讓自己暖和點。

那時，那兩個男人已經在屋子裡了，一開始我以為會看到一場魔術表演，因為其中一個從大袋子裡拿出小袋子。然後，又從裡面拿出一種我們沒看過的食物吃了起來。接著他們把食

物分給我們，示意我們一起吃。其中一個人把那東西舉到嘴邊，然後咬了一口。我和妹妹也咬了一口手裡的，那東西聞起來好香，味道也很鮮美。是炸雞，那是我們第一次吃炸雞塊。

時至今日，我對那兩位紳士在平安夜裡送來的溫暖，仍然無法忘懷，這就是我想幫助別人的原因。

那個平安夜，女舍監允許我們晚上可以不睡，因為那天比較特別。我是孤兒院裡年紀最大的，我想知道是誰為我們帶來了美味的食物。女舍監告訴我，是上帝和耶穌為我們帶來食物。聽到女舍監的解釋，我妹妹看著那兩個人，不願意把眼睛移開。我妹妹告訴我，她想知道更多關於他們的事。我妹妹問那兩個水手怎麼來孤兒院的，他們說自己乘坐一艘很大的船，從海洋的另一端過來。

那兩位水手在我們上床睡覺前離開，他們走了之後，所有小孩都在聊食物有多麼好吃，這天有多麼開心。女舍監告訴我們，隔天馬上就是耶穌的生日了。

第二天早晨，我很興奮，而且妹妹比我更興奮，因為她想去海邊，去看那艘上帝和耶穌派來送給我們食物的大船。

妹妹沒有看到船，我永遠也忘不了她眼神裡的那種失落。你能想像嗎？我們才親眼看見上帝和耶穌，但那裡卻連個船影都沒有。那他們是怎麼來的？

我開始動搖，懷疑是不是真的有上帝和耶穌帶給我們食

物。但我妹妹說，是的，是上帝和耶穌，而且她知道就是他們。她的想法沒有改變。她是我最親的人，是我生命的全部，我願意聽從她的說法。我向上帝發誓，要把同樣的友愛帶給他人。

我妹妹去世前，還對這些事念念不忘。她問我會不會跟她一起去。我只能在夜裡哭泣，因為我知道很快就會失去她了。」

權先生告訴我朋友，他的妹妹離開這個世界的時候只有八歲。

權先生最後的感慨是，在 1979 年的那個平安夜，或許他見到的確實是上帝和耶穌。權先生順著舷梯下船時，我朋友想叫住他，卻又不知道該說什麼。我的朋友想起了那個寒冷的平安夜，他與同伴遠離家鄉和親人，背著沉重的一袋食物從港口走到韓國釜山的一個孤兒院裡。

我朋友對著權先生喊道：「權先生，上帝會經常透過凡人來實現他的願望。」

權先生大聲回道：「我知道！你能替我謝謝那位在 1979 年平安夜和你一起來的朋友嗎？」

我與朋友的妻子談話，並且在其中發現了這個貴重的禮物。她說這是她丈夫最珍惜的禮物之一。將生活的一部份用於交易，然後在他讀那本《聖經》的每一天都得到回饋，這是他收過最棒的聖誕禮物。

這就是我朋友在 1979 年做的一次偉大交易，他在十五年之後收穫甚豐。我認為，這就是偉大交易者的偉大交易。而我

也已經看到，在你們當中也有一些偉大的交易者！

　　我希望你們能夠明白「偉大交易者」的真實含義。這一段船員送聖誕禮物的故事，只不過是你們遠大的交易前程中的序幕。在旅途中，你還會發現很多這樣的故事。

　　這一切都取決於**你**！

〈附錄 2〉————————————————————

反思生命規則的時刻

作者：亞瑟‧李‧辛普森

> 《聖經》給幽靈最深刻的啟示是：每一個人都必須選擇，但
> 正確的選擇卻只有一個。

　　對幽靈來說，以下內容與他任何交易方法同樣重要。我不
想長篇大論，只是想告訴大家寫這本《華爾街幽靈的禮物》的
初衷，其中原因其實很複雜。

　　1997 年 10 月 13 日，幽靈被突如其來的噩耗擊倒了，我從
未見過幽靈如此重創。他在職業生涯中，幾乎對每一種可能都
做好了準備，但當時卻不同以往。他痛苦不已，沮喪萬分，根
本無法接受事實。

　　這一天非常不同！幽靈沉思，想到自己對於這世上的其他
人來說重要為何，以及他之所以把智慧付諸筆端，目的就是希
望能以此報答世人。

　　儘管筆下艱澀，我不斷努力想把他的思想準確地傳達。我

只能寫出幽靈的部分觀點以及緣由，你們中如果有人讀過我的文字，那麼也許更能從不熟悉的文句中，體會我此時落筆的艱難，因為淚水早已打濕了鍵盤。

　　幽靈並不是那種宗教狂熱的人。但今天，遠方傳來的噩耗令他震撼不已。他的心似乎被淘空了，無論他準備的有多麼充分，都無法與自己所選的世界抗衡。

　　這個消息是：約翰・丹佛昨天（10月12日）墜機身亡。丹佛開著自己那架實驗型飛機，從 500 英尺高空墜入加州海岸附近的太平洋。交易，是幽靈生活的全部；歌唱，則是丹佛生活的全部。飛行是他們兩個人共同的愛好。兩人不論在家庭、朋友圈或粉絲群上，都有許多共同之處。

　　幽靈非常了解公眾人物需要面對多少麻煩，尤其是丹佛這種超級名人。這正是我們不揭開幽靈面具的原因。

　　丹佛的大部分人生不得不暴露於公眾的目光之下，使得他幾乎無法與家人共度時光。幽靈悟出一個道理：交易其實只占我們生活很小的一部分。如果我們生命中熟悉的燈塔熄滅時，我們又該向誰求助？

　　幾個月以前，幽靈告訴我該是他回報社會的時候了。那時他還不太清楚自己真正的動機，而且又為何選在這個時間點。我們當時心想，船到橋頭自然直。而今我們終於看得更清楚。

　　不能不提到一件事，當幽靈被問到他最心愛哪一本書，他落淚了，說自己沒有通過上帝的考驗。你可以想見，《聖經》

是他最心愛的一本書。幽靈認為沒有人比交易者更能體會方向
的重要，尤其是對最高目標的追尋。他向交易者仔細說明，並
且指導他們獲得最佳結果。顯然他的指引至關重要。事實上，
幽靈說他之所以給了這些文字，是希望所有人都能在生命中的
某個時刻發現這個道理。

　　為了讓交易者們能在殘酷的市場上生存，幽靈提出了規則
1和規則2，同時指出方向讓大家免於挫折與磨難。幽靈會樂
意給予建議，但最終做決定的只有你自己。

　　接下來這句話，不但是交易的真理，也是本書初衷：「在
交易中，如果你不運用正確的規則，那麼你將空手而回，失去
原先期望在交易中得到的一切。」幽靈只是一個傳達訊息的使
者，而不是掌握你在交易所上生死的法官！

　　《聖經》其實也給了我們一個選擇。我們可以選擇對裡面
的篤信不移，也可以不以為然。但《聖經》告訴我們，篤信上
帝並接受《聖經》的人將會獲得永生。

　　《聖經》最讓幽靈深刻的啟示是：每一個人都必須選擇，
但正確的選擇卻只有一個。依據《聖經》的說法，如果我們選
擇不相信，我們的決定會導致一種結果；而如果選擇相信，那
麼我們的決定會導致另一種完全不同結果！正如我們在交易時
做出正確的決斷，在獲得永生這個問題上，我們也須做出無誤
的選擇。

　　除了蘊含幽靈的智慧，我相信本書還傳遞了另一個訊息。

生命中最重要的東西就在於生命。不論你在交易所獲得什麼，都不會比家人與朋友重要。他們無論何時，都是我們努力成為優秀交易者的根本原因。你的上帝必須是你人生中最高的標準，致使愛你的人們產生意義，進而希望你能成為他們生活中的璀璨陽光。

　　再見，丹佛，我們最心愛的朋友，祝你一路順風！

〈附錄 3〉————————————————————

當我們失去丹佛

作者：哈樂德・辛普森、凱西・辛普森

愛是起初我來此的原因所在，愛如今又迫使我不得不離開，
愛是我曾欲在此尋獲的一切，愛仍是我今所知的唯一夢想。
——約翰・丹佛《四季之心》

　　我結束這一趟我人生中最重要的旅程之後，花了很長時間
理清思緒。我帶著老婆準時回到家，讓艾倫準備星期一晚上 7 點
的課。他要在短時間內轉換心情，從度假旅客變回學生。我們
在丹維爾（Danville）讓他下車去上課，然後等他下課一起回家。

　　我們去鮑威爾湖（Lake Powell）的旅程十分順利，駕車穿
越落機山脈令人心曠神怡。透過「約翰・丹佛的世界大家庭」
這個社群，我遇到了一些很棒的人，包含維吉妮雅和山姆。山
姆是一位作家，寫過許多出色的木工書籍，維吉妮雅則自稱
為「拱門探尋者」。當他們知道我們一家將行經他們所在的猶
他州摩押市（Moab），便邀請我們造訪拱門國家公園（Arches

National Park），並一同欣賞一些約翰·丹佛的字句。

　　我們在接待中心的停車場碰面，維吉妮雅和他的兒子坐我們的車，我媽媽則與山姆和他們的兒子一同坐四輪傳動車，凱西則開著另一輛旅行車，我們三輛車組成了一個車隊。我出發後才知道，山姆和維吉妮雅非常了解這一座國家公園。

　　一開始我沒注意，後來才發現，我們進入停車場時拿到的公園導遊手冊，原來就是維吉妮雅和山姆共同撰寫的！維吉妮雅曾經花費大量時間，在一望無際的公園探險，她已經發現了一些新的拱形岩石。這裡的規矩是，如果誰發現了一塊新的拱石，並且對其進行分類，就可以為它命名。維吉妮雅的一個兒子最近發現一塊拱石，並有幸為它命名。他把它稱做「隱身拱石」，因為這塊石頭很難被發現——躺在非常不顯眼的高處。他們帶我們去了一個山洞，那裡曾經是印第安納·瓊斯系列電影《聖戰奇兵》中的一個外景。我們也參觀了拱門國家公園最著名的一塊拱石——「精緻拱石」（Delicate Arch）。

　　我們四處遊覽，維吉妮雅和我聊起了我們都愛的歌星，約翰·丹佛。我碰巧有一套維吉妮雅沒有的四碟裝音樂專輯《約翰·丹佛：鄉村之路帶我回家精選》，維吉妮亞把CD放入播放器，我們一邊欣賞公園美景，一邊聽著動人歌曲。

　　時間倏忽而過，我們家在下午3點半左右與他們道別，接著另一條路開往鮑威爾湖，這是美國最荒涼也最令人卻步的路段之一。我開著車在最前面，凱西開著旅行車跟在後面。路面

崎嶇不平，車子上下顛簸，一路上紅沙岩蔚為壯觀，讓人以為自己處在陌生星球。

離開摩押市之後，大概過了一個半小時又多一點，當我行駛在山巔時，我眼前的景象令人屏息而驚懼，這是一種我從未有過的感受。太陽低低地懸掛在地平線上，我們好長一段時間都行駛在山脊的陰暗面。一旦開到迎光面，瞬間的光線非常耀眼，我眼前頓時一片空白，看不見任何東西⋯⋯我像是失明了！由於不知道前面是什麼，時間像是凝固了，漫長得彷彿永恆，直到我終於又回神看見道路。

這當然是很恐怖的經驗。我馬上透過無線電聯繫凱西，請她放慢車速，因為山峰的迎光面會讓人暫時失明。我們開著同一條路，得到了相同的經驗：耀眼的陽光使我們短暫失去視力。凱西和我都認為，這種體會超越一切感官經驗。在暫時失明之後，我從未有過的恐懼感隨之而來。我們在日落時到達目的地——鮑威爾湖。休整一晚，第二天清晨我們準備登上船屋。

那天我很早起床，對一切都在軌道上感到開心滿足。當我想去沖個澡，我聽見有人打開電視，心想這樣也好，可以聽聽接下來的天氣預報。但緊接著，我聽到了撕心裂肺的哭聲。我聽到凱西大喊：「約翰·丹佛去世了！」

接下來，我根本不願接受。我似乎聽得到周圍的聲音，卻似乎聽不懂這些話的真實意思——或者不完全理解。我變得十分焦躁，媽媽想把我從電視機前拉開，但我和她吵了起來，我

想牢牢待在電視前面，才可以在去船屋前知道所有細節。

　　我一直都知道，不論飛行員多麼經驗豐富、飛機多麼安全，飛行是最無情、卻又最有回報的一項運動。丹佛也知道這一點，但如果我們為了恐懼而放棄了自己所熱愛的事情，生命就沒有任何意義了。

　　幾年前，我曾在威斯康辛州的奧旭寇旭（Oshkosh）實驗飛機協會（the Experimental Aircraft Association）大會上見過丹佛。我問他是否願意在我的飛行執照上簽個名。他看著我，問我確定嗎？我說：「當然！」這時卻找不到簽名的筆，一時非常尷尬，附近有一名女士解決了我的燃眉之急，把她的筆遞給我們。我忘不了他當時問我：「你確定嗎？」他展現出的謙遜態度，好似從未有人這樣要求他簽名。

　　丹佛在電視影集《高地》（Higher Ground）中飾演阿拉斯加的一位叢林飛行員，這激勵我在一兩年之後，拿到自己的水上飛機證照。我可以在佛州桑福德（Sanford）的門羅湖（Lake Monroe）水面上駕駛 Maule Rocket 235 水上飛機，那是非常愜意的飛行。可是我在換照時不得不交出舊執照。真可惜，再也見不到那個約翰·丹佛的簽名了。

　　不知何故，後來當約翰·丹佛在芝加哥為自傳《帶我回家》簽書時，我得到了他的另一次簽名。我猜這是我跟他要簽名所獲得的禮物。（感謝我兄弟亞瑟告訴我這個活動，使我能再次看到丹佛）。多年來，約翰·丹佛對我意義非凡，他的離世在

我的餘生留下大片空白。

　　有人告訴我們，我們有機會升等到最高級的船屋。我辦理飯店結帳手續時，櫃台說我們很幸運，能夠進入湖上最高級的船屋。「海軍上將船屋」是豪華船屋裡最棒的一間。意識到自己可以住進那間船屋時，大家難掩喜悅之情。只能說這間船屋實在太棒了！我們在幾個小時內打包完成，出發前往。

　　湖上一天比一天熱，但當我們在這間獨特如寶石般的船屋，晃漾這一座堪稱地球瑰寶的湖上，這種天氣卻讓我們興致更高昂。沒有任何地方能像鮑威爾湖這樣，給我全然不同的體驗。一句話，我熱愛這個地方！

　　這裡每一天都是豔陽高照，夜間明月皎潔、繁星點點。我們尋找隱於棉木峽谷（Cottonwood Canyon）阿納薩斯（Anasazi）印第安人居住區。印第安人非常擅長隱藏行蹤，我們花了兩個小時才終於找到，卻發現那裡根本就在峽谷的入口附近，而我們經過卻沒發現！真是太有趣了！

　　在船屋後面游泳的感覺非常棒，我只是形容，因為我沒有勇氣跳下去。對一個曾經敢從飛機躍下的人來說，不敢跳水確實有點奇怪。

　　在經歷了這麼多令人激動的歷險之後，我們不情願地離開船屋，但水上之旅還沒結束。我們回家路上還會有一次穿越牛蛙盆地的渡輪之旅。我們前往科羅拉多州時，我突然想到，或許我可以參加在約翰·丹佛的紀念儀式，就在他家鄉科羅拉多

的阿斯潘（Aspen）。我打電話給亞瑟，確定儀式是在星期六。

對我們來說這個時間安排得非常好。我們將在傍晚抵達科羅拉多州的葛蘭伍德溫泉（Glenwood Springs），隔天一早開車到阿斯潘只需要35分鐘。儀式將會在下午2點鐘開始，地點是當地的音樂帳篷。

我們大約在上午10點半左右到達阿斯潘，中途在皮特金郡機場（Pitkin County Airport）稍做停留。西元1976年，約翰・丹佛的父親指導他在這個機場學習駕駛Cessna－172型輕型飛機。在塔台下往東眺望，可以看到約翰・丹佛曾下楊過的喜達屋酒店（Starwood）的那座山。那面斜坡上停的噴射機比往常多，我猜可能有許多大人物都來參加儀式。

有一架小飛機吸引了我的視線，我把車子停在它的後面。這台飛機是「Long Easy」，由伯特・魯坦（Burt Rutan）設計，型號與丹佛出事時的飛機相同。在同一座機場的同一型飛機旁，我遠眺山峰，感覺世事如此無常。我因為某種原因注定出現嗎？難道這一刻只是我的想像，讓我以為自己順勢而為，又或者我該成為這一切的一部分？腦海中有神奇的火花在跳動。

前一天，的前一天，在奧羅拉（Aurora）的長老會教堂舉行了正式儀式，丹佛的媽媽與弟弟羅恩住在那裡。西元1997年10月18日，是親友與丹佛最後一次道別的日子，選擇辦在他最自在的地點——家鄉阿斯潘。

凱西和我排在第九個或第十個，我們與其他人交談十分融

洽。大家聊起自己與丹佛或他音樂之間的聯繫。我們前面的一
對男女，是當天早上搭機從明尼蘇達州來的。他們知道告別會
的時候，只剩下45分鐘可以相互聯繫，後來勉強聯絡上，因
此一起成行。他們不是夫妻，對丹佛的熱愛讓他們成為朋友。
他們兩個人的配偶都知道這個儀式對他們意義非凡。

　　另外一位女士是從納什維爾（Nashville）飛過來的。她一
大早就在這裡等待，甚至現場人員還請她暫時離開，因為要安
裝音響系統和設置電線。在我和凱西抵達後沒多久，她暫時離
開一下。她回來時，隊伍已經排得很壯觀了。她走到我前面，
說她是最先到的。我替她向附近所有人解釋一遍——現在大家
都成了朋友——我提議投票，決定該不該讓她與她的朋友到最
前面，結果全票通過。她站到隊伍的最前方。後來我們得知她
是律師——優秀的律師。她高興地說，這個位置意義非凡！

　　我們交換地址，約好保持聯繫。音樂帳篷裡容納了1,700
個人，靠中心的區域屬於丹佛的家人和好友，我們則是公眾區
的最好的位置。

　　整個舞台搭建得像一場即將開始的音樂會。丹佛的吉他放
在那裡，還有他的麥克風，他過去和現在的樂隊成員都坐在觀
眾席。整個場景像演唱會，但我們都知道不是，而是眾人最後
一次聚集，以這種方式紀念約翰·丹佛。隨著紀念儀式開始，
音樂帳篷擁擠不堪。

　　下午1點50分，一隊小型飛機依序飛過，每一架間隔約

15秒。每一架都用自己的方式對那位隕落的飛行員致敬。有一位飛行員駕駛Christen Eagle的雙翼飛機，外觀近似於丹佛的其中一架飛機——我那次在奧旭寇旭看丹佛的飛行表演時，他就開著那一架。後來另一架飛過，機身陰影正好掠過地面上的哀悼隊伍。

仰望天空，一架美麗的白色水上飛機呼嘯著沖向藍天，也許是丹佛的飛機吧。我知道他的骨灰今天會被撒向阿斯潘的群山峻嶺。我望著這最終一幕，不十分確定他的軀骸是否已經回歸塵土——用最戲劇性的方式，來結束最具戲劇性的生命。

丹佛有一首歌唱道：「我能看見你，在高歌的天空和舞動的水中，在歡笑的孩童逐漸老去之中，在心靈和精神世界裡，在真相被訴說的時刻。」

所有的感受在那一刻全都湧上心頭。丹佛最好的朋友克拉姆的幫助下，丹佛的幾個孩子——扎克、凱特和貝兒一起為父親獻上致敬。過程中，有時令人鼻酸，有時則令人開懷。丹佛所有家人都在那裡，他母親媽媽厄瑪、弟弟羅恩、第一任妻子安妮、第二任妻子卡珊德拉，還有他所有親戚，以及這些年來他的朋友們。包括和他長期合作的製片人米爾特·歐昆（Milt Okun）也在。

與丹佛有著多年交情的親密朋友，向大家講述了自己與丹佛的故事，讓我們感覺與他更親近了。對於我這般所知甚少的歌迷來說，有機會聽見他的人生軼聞相當幸運。

在儀式過程中，丹佛的祕書斯坦芬尼說了一段她與丹佛的對話。有一次丹佛問她：「妳相不相信占星術？」

斯坦芬尼笑著回答，她相信任何事。

丹佛告訴她，占星師告訴他今年對他十分重要，他有一個前所未有的機會到世界各地。

斯坦芬尼說：「太好了，我覺得很棒。我真心替你高興。」

丹佛還說：「這種機會一生只有一次。」

斯坦芬尼說：「之後也不會有了嗎？」

「是的，一生一次，」丹佛回答：「聽起來頗讓人激動的，不是嗎？」

斯坦芬尼說：「真得很棒，你當之無愧。」

她再次想起這次談話時，雖然當時她並不知道那是什麼機會，但她忍不住這樣想：那是否指的是這一次事故。他的靈魂融入了茫茫宇宙！

儀式當天的氣候宜人，像是上帝和丹佛的默契。阿斯潘的樹林隨著陣陣輕風搖曳，枝葉在陽光下閃閃發亮；陽光輕柔地照在我們身上。我從未見過如此美麗的天空──那種藍色也許只能在8,000英尺的高空才能一見。原定兩小時的音樂儀式裡，氣氛越來越輕鬆，眾人一起分享彼此的故事和感受。最後整個儀式超過了三個小時。

我的新朋友維吉妮雅，以及她從密西根州搭機前來的朋友帕蒂都加入了這個慶典。周圍有些人是我多年前在歌迷俱樂

部認識的。丹佛是這麼多人聚在一起的主要原因，我不清楚緣
分，但總感覺是丹佛安排好這一切。

　　把這種聚會稱做慶典可能不太好，但我們當下的感覺就是
如此。也許丹佛也希望是這樣，他向來為生命歡呼，讓生命變
得充實。

　　這一天即將結束時，大家低下頭，閉上雙眼，用心感受。
那一刻，約翰‧丹佛仿佛就在我們之間。我們想像他佇立風
中，在連綿不斷的山巒裡，在蔚藍清澄的高空上。對我來說，
想像並不難。樂隊演奏了丹佛錄製的最後一首《回歸黃石河》
（*Yellowstone, Coming Home*）。此時我們抬頭仰望，看著數百顆
白色氣球飄入藍天。

　　這對我來說是個結束，隨後我們離開了阿斯潘。

　　我們永遠無法確定，使我和凱西短暫失去光明，且帶來恐
懼與無助的耀眼白光，究竟是何時發生的。我們也不知道這與
10月12日丹佛在加州蒙特雷（Monterey）附近墜入太平洋的
時間是否完全相同。但這兩件事最多只相隔了幾分鐘。

　　我的心是否在自圓其說，我們永遠也無法知曉。

　　願平安。

【譯後記】
挑戰人性的規則

作者：張嘉文

　　《華爾街幽靈的禮物》是一本成書於1997年的書，由於書中的主角「幽靈」是位活躍於當時芝加哥期貨交易所的人物，書中的許多例子也是由期貨的角度出發。然而在翻譯與思考的過程中，我卻逐漸發現，這本書之所以能夠經過時間的汰選，有兩個重要的原因：第一，幽靈貫穿全書的重點，在於行為的修正。他明白地指出，在交易的戰場上要能勝出，如果無法確切地修正自己的行為，那就完全不可能成功。更進一步來說，修正自己行為，追求更佳的操作，永遠是交易者們亙古的修煉。第二，儘管許多例子談的是期貨，但三條法則對於各類金融投資商品同樣有效。因為三條法則談論的分別是曝險、獲利極大化、以及獲利了結，投資人進行任何金融投資商品的交易，都必然要對這三點，進行深入的思索。

　　幽靈的「規則1」其實很違反人性。原因很簡單，有誰喜

歡一下單，沒被市場情況認可，就立刻平倉認錯呢？一般散戶通常希望自己是對的，即使市場走向與自己預判不同，寧可硬撐等待市場翻轉，證明自己的睿智，也不願認輸平倉。於是才有了市場流行的玩笑話：「攤平攤平，越攤越平。」用理智深入地去想，就會發現，這樣一廂情願的做法，一來不但沒有看清真正市場的樣貌，二來資產在市場上浮沈，時時刻刻承受著風險，三則沒有考慮這些資產的機會成本。要能睿智果斷地平倉，需要從思維到行動的一整套鍛鍊。

　　比起規則1，幽靈的「規則2」更加違反人性，因為規則2要我們有方法地大膽加碼。換而言之，規則2需要我們勇敢，別著迷於小打小鬧的眼前利潤，看清大局而聰明地加碼，尋求利潤的極大化。所謂的勇者無懼應該就是這個意思，勇者之所以無懼，並不是對危險全然不知不覺，而是對風險有著透徹的理解，並且慎重而尊敬地對待瞬息萬變的市場，同時不放棄做為一名交易者追求更完美操作的目標。

　　「規則3」的形成，拜網路科技之賜，集期貨論壇上眾人之力而成。即使時至今日我們對於眾人協作、群眾募資的觀念並不陌生，然而要形成最後的眾人智慧，仍需耗費不少的時間與心力。這本書在1990年代末期，就自然而然地形成了眾人的網路智慧，並且付梓成書，無疑前衛而新潮，也給了我們面對5G、6G科技浪潮不斷席捲而來的人們，提供了絕佳的典範。

　　作者亞瑟在書中曾問過幽靈：「你已經有超過30年的交易

經驗了，為什麼你沒早一點寫書呢？」幽靈回答：「我曾經寫過。但那些字句似乎一下子就全都變得過時，因為知識更新的速度遠比寫作來得快。我總是希望能夠寫得更準確些。我犯過不少錯誤，而將我的過錯告訴他人似乎是在承認我時常犯錯。這得要經過很多年才能明白，交易的本質實際上就是犯錯。」

幽靈是從交易實戰中出身的人，實戰過的交易者應該都會同意，交易就是不斷挑戰人性中脆弱的部分，才能獲得美好的果實。幽靈為我們指出了直承錯誤、果斷勇敢、集結智慧的訓練之道，就靜候諸位讀者回報美好的佳音。

做為本書的譯者，雖盡己力，但才疏學淺，錯漏難免，還望各方專家不吝賜教。感謝一起來出版這本佳作，自己獲益良多。書籍出版的形式雖與網路不同，但何嘗不是眾人智慧的結晶？願所有讀者都能透過閱讀而智慧增長，收穫豐美。

華爾街幽靈的禮物：頂尖交易員敗中求勝的三個祕密

作　　　者　亞瑟‧李‧辛普森 Arthur L. Simpson
譯　　　者　張嘉文
主　　　編　林子揚
編 輯 協 力　吳昕儒

總　編　輯　陳旭華 steve@bookrep.com.tw
出 版 單 位　一起來出版／遠足文化事業股份有限公司
發　　　行　遠足文化事業股份有限公司
　　　　　　www.bookrep.com.tw
　　　　　　23141 新北市新店區民權路 108-2 號 9 樓
　　　　　　電話｜02-22181417　傳真｜02-86671851

封 面 設 計　萬勝安
排　　　版　宸遠彩藝
印　　　製　通南彩色印刷有限公司
法 律 顧 問　華洋法律事務所　蘇文生律師
初 版 一 刷　2021 年 10 月
定　　　價　600 元
I　S　B　N　9786269501434（平裝）
　　　　　　9789860646061（EPUB）
　　　　　　9789860646054（PDF）

國家圖書館出版品預行編目 (CIP) 資料

華爾街幽靈的禮物：頂尖交易員敗中求勝的三個祕密 / 亞瑟 . 李 . 辛普森 (Arthur L. Simpson) 著；張嘉文譯 .~ 初版 .~ 新北市：一起來出版：遠足文化事業股份有限公司發行 , 2021.10
　　面；　公分 .~ (思；27)
譯自：Phantom's gift
ISBN 978-626-95014-3-4(平裝)

1. 期貨交易　　2. 投資技術

563.534　　　　　　　　　　　　　　　　　　110013432